LICHTRAD

TRIXA/MICHAEL

ERDENWEGE

ELYAH SPRICHT ZUM STERNENKIND MENSCH

Die Deutsche Bibliothek — CIP-Einheitsaufnahme

Trixa und Michael:
Erdenwege — Elyah spricht zum Sternenkind
Mensch / Trixa und Michael — 1. Auflage
Höslwang : Lichtrad Verlag, 2001
ISBN 3-935817-01-0

Deutsche Originalausgabe
1.Auflage

Lektorat: Gisela Averbeck

Typographie, Umschlagsgestaltung und Titelbild: Peter Balhar, Praha

Buchillustrationen: Sabine Hildebrandt, Müllheim

ISBN 3-935817-01-0

Inhaltsverzeichnis

Einführung

Wer ist Elyah?

Elyah ist eine Bewußtseinsform aus der lichten Ebene von Cassiopeia. *(Dieses Sternbild ist allgemein als „Himmels W" bekannt.)* Elyah ist keine individuelle Persönlichkeit, sondern setzt sich aus vielen verschiedenen Aspekten des Seins zusammen, die sich alle auf die Hinführung zum „Einen Sein", dem MiteinanderSEIN, konzentrieren.

Sie bezeichnet sich selbst als eine Bewußtseinswelle, die seit Anbeginn der Menschheit ihr Wissen berührend und humorvoll zur Verfügung stellt. Im Verlauf der Erdgeschichte inspirierte sie immer wieder verschiedene philosophische Strömungen, mit dem Ziel die Bewußtheit der Menschheit zu erhöhen, so daß unser Universum der Dualität sich in ein Universum der Einheit weiterentwickeln kann.

Durch Michael sprach Elyah zum ersten Mal während einer Ausbildungsgruppe in unserem Zentrum Les Champs Chamagne in Frankreich am 21.06.2000. Seitdem eröffnet sie uns tiefe Erkenntnisse, denen ein umfassendes Verständnis über die Geschichte des Universums und der Entwicklung der Menschheit folgt. Ihr hauptsächliches Augenmerk liegt auf dem ZwischenmenschlichenSEIN, dem Heraustreten aus dem GetrenntSEIN und dem Hineinwachsen in ein holistisches MiteinanderSEIN.

Was vermittelt Elyah?

Sie bezieht sich in ihren Lehren immer wieder auf die verschiedenen Weltreligionen und führt sie zu einem großen Bild der Schöpfung zusammen. In diesem Bild zeigt sie uns, daß der Mensch aus der Materie von Lemuria, dem Geist-Bewußtsein des Volkes von Rhubinihus und der Sternenweisheit der Atlanter entstanden ist.

Durch den Zusammenbruch des Urkontinentes der Erde, beim ersten Untergang von Atlantis, konnten wir uns nicht zu unserem vollen kosmischen Potential entwickeln; aus der geplanten 12-Strang-Helix wurde unsere bekannte Doppelhelix. In unserem genetischen Code ist dennoch das gesamte Bewußtsein des Universums angelegt. Der Mensch befindet sich jetzt, bis 2012, auf der Reise zur Eröffnung dises kosmischen Potentials und der 12-Strang-Helix.

Um diese Reise in Freude erfahrbar zu machen, unterstützen uns auch die Wesenheiten der Weißen Bruder- und Schwesternschaft, sie symbolisieren das gemeinsame Hohe Selbst der gesamten Menschheit.

Wie kam es zu diesem Buch?

Auf Elyah's Wunsch hin kam eine Gruppe von Menschen zusamen, und Elyah begann, uns dieses Buch zu diktieren. Immer wieder rief sie bestimmte Menschen auf, nach Frankreich zu kommen und bei ihrer Schulung anwesend zu sein. Das war natürlich nicht immer einfach. Dennoch wuchs unsere Gruppe schnell an. Wir erlebten im Juni 2000 fünf intensive Tage und Nächte im Dialog mit Elyah, und so entstand dieses Buch.

Das von Elyah initiierte Frage- und Antwortspiel amüsierte sie offensichtlich sehr. Es half uns zu *be-greifen*, zeigt jedoch auch unsre Schwierigkeiten beim *Ver-stehen* und oftmals unser *Nicht-loslassen-wollen* auf. Ich vermute, daß es dem Leser sicher oft ähnlich gehen wird, und ich kann mir nur wünschen, das Sie diesen Dialog genießen und Sie mit uns mitfühlen können.

Als ich begann, Kapitel für Kapitel zu bearbeiten, hat Elyah jedes einzelne noch einmal mit mir korrigiert. Während dessen gab sie weitere Erklärungen und fügte hier und da noch Wissenswertes hinzu.

Wir wünschen Ihnen Freude und Erweiterung.

LCC 20. Januar 2001

Widmung von Elyah

Elyah widmet dieses Buch allen Menschen, die bereit sind, Mensch zu sein.

Elyah dankt den Wesenheiten der Elyah Foundation für ihre Unterstützung zur Realisation dieses Buches: Sabine, Andrea, Antje, Gabriele, Birgit, Katharina, Christa und Trixa.

Wir, Elyah, möchten dieses Buch Peter Bauer widmen, ohne ihn wäre das Buch *Sternenwege* nie entstanden, das die Pforte für Elyah öffnete.

Elyah hätte ohne Trixa's Gebete und Peter's Kraftlenkung, dieses „Planetenbewußtsein“ LCC zu errichten, keine Heimat auf der Erde gefunden.

Wir möchten dieses Buch auch Helmut Grauer widmen, der durch seine Gebete und seine Kraftlenkung dieses Buch unterstützt hat.

Elyah LCC 07. Januar 2001

Vorwort von Lady Nada

Das Licht, die Liebe und die Kraft der All-Einen Quelle sei mit euch, dies ist Nada, die zu euch spricht.

Ich möchte euch begrüßen zu diesem Buch.

Nun formieren sich eure Gebete in die dritte Dimension. Das, was geschieht, ist die Frucht eurer Gebete und eurer Arbeit über viele Jahre hinweg. Deshalb ist es nun die Zeit, in der ihr euch loben dürft, in der ihr glücklich sein dürft über die Manifestation eurer Energie. Das Sternenwesen Elyah konnte deshalb in eure Dimension hineinkommen, weil ihr den Pfad dazu durch eure Anbindungen an AN, durch eure Anbindungen an die Sternenebenen gebaut habt, jedoch auch durch eure Anbindungen an die Große Weiße Bruder- und Schwesternschaft.

Wir danken euch für euer Vertrauen, das ihr in den letzten Jahren bewiesen habt in die Daseinsform, die Wir sind. Wir danken euch sehr, daß ihr uns hineingelassen habt in das Bewußtsein eures Lebens. Die Früchte, die ihr ernten werdet, sind keine bitteren Früchte. Auch wenn viele von euch in den mentalen Strukturen etwas überfordert sind, so ist es jedoch so, daß aus dieser Überforderung, welche ein subjektiver Eindruck ist, eine wundervolle Frucht erwächst, die euch in der dritten Dimension nährt und die euch unterstützt. Lest dieses Buch in der Würde des kosmischen Menschen. Erlaubt euch, berührbar zu sein und öffnet euch für Elyahs und unsere Energien, die euch durchströmen, während ihr lest.

Vieles wird geschrieben und vieles wird gesagt in unserem Namen. Wenn eine Botschaft bleibt, so ist es die Botschaft der Christuspräsenz.

Die Botschaft der Liebe. Liebe ist die Kraft, welche euch zum kosmischen Menschen formt, und Liebe ist die Kraft, die uns zu Aufgestiegenen Meistern macht. Die größte Kraft dieses Kosmos, die größte Kraft dieses Universums ist die Liebe.

Und so ist die Liebe in einem jeden von euch. Die Liebe ist das größte Geschenk, das ihr Gaia aufgrund eurer Inkarnation macht. Die Frucht der Liebe, welche ihr bringt, ist HEILUNG. Heilung für die Kontinente, Heilung für alle Reiche der Natur, Heilung für die Elemente, Heilung für alle Ebenen bis hinauf in die Weiten der Sterne.

Mit dem Licht der Weisheit und der Liebe, mit der Christuskraft der Weißen Bruder- und Schwesternschaft segnen wir euch und geleiten wir euch durch die Ebenen eurer Inkarnation und durch das Lesen, Erkennen und Begreifen von Elyahs Botschaften an das Sternenkind Mensch.

Möge das Licht der rubinrotgoldenen Rose leuchten in euren Herzen.

Amen. Amen. Amen.

Dies ist Nada.

I

AN, CASSIOPEIA, 12 TAFELN UND DIE ENTSTEHUNG DES ERSTEN MENSCHEN

MENSCH, DU SCHÖNE BLÜTE UNWEIT DER STERNE. ERKENNE DEINE SCHÖNHEIT UND ERFÜLLE DAS ALL MIT DEINEM GLANZ.

Es begann in jenen Tagen, als Deklet, Hohepriester im goldenen Tempel von AN, in Weisheit und Milde regierte. 66.000 Schüler hatte er um sich versammelt. Diese Wesenheiten der verschiedenen Sternenebenen unterrichtete er in der Einheit. Ein Gesang erhob sich im Hause AN ob dieser Lehre, und wundervoll verströmte sich Materie in den freien Raum. Die Schüler sangen im Ton ihres Meisters und am Himmel ballte sich der Staub der Sterne, der Universen, und eine Kugel entstand. Madokh, das Bewußtsein von Licht, war geboren. Madokh, der Planet, erstrahlte in einem hellblauen Licht. „Wir wollen ausziehen von AN“, sagten die Schüler, „und dieses Bewußtsein unseres Tuns besiedeln.” Und sie nahmen die 12 steinernen Tafeln aus dem Hause AN, in denen das Wissen aller Sternenvölker vereinigt ist, und gingen in dem Segen ihres Lehrers und besiedelten Madokh. Madokh nahm seine Umlaufbahn um die Gürtelsterne von Orion und bewegte sich in liebender Einheit mit dem Ton des Lehrers, der ewig erscholl in dem Tempel von AN. Liebe war das Prinzip der Erschaffung und das Prinzip der Materie. Und so kam es, daß Liebe die Sterne erfüllte und alle Sternenkinder in diesen Ton einstimmten, sobald das Sternbild des Orion an ihrem Firmament erschien. Madokh zog liebend seine Bahn. Diese liebende Bahn war Ausdruck der Einheit aller Sternenvölker, aller Sternenrassen und bitte, das ist wichtig, Madokh steht auch heute noch für diese Einheit. Erkennt, die Geschichte der Evolution nahm ihren Raum. Zwei dieser Schüler trafen sich in der heiligen Stadt Gogh auf Madokh, um dort die Steine zum Klingen zu bringen, um dort die steinernen Tafeln zu schlagen, damit der Ton des Klanges durch das Universum eilen konnte, um Neues zu erschaffen. Diese beiden Schüler entdeckten das Geheimnis der Manipulation, welches in der Tafel Nr. 3 niedergelegt war. Sie schlugen 11 Tafeln an, doch die dritte Tafel erscholl von nun an nicht mehr. Sie wurde nicht mehr geschlagen. Ihr Gesang tönte nun nicht mehr in den Weiten des Universums. Und so zerriß der Kontakt zu AN. Der alte Lehrer, der Meister, wurde erdrückt vom Frevel und verging. Diese Energie konnte er nicht assimilieren. So sehr er sich bemühte, er verging in ihr. Dieses Geschehen beobachtete Neli aus dem Hause Tobith von Cassiopeia. Er eilte aus der Stadt hinaus, errichtete sich das Lichtschiff durch das Gebet zu den heiligen Sonnen unserer Welt Andorh und glitt zu uns in unsere Dynastie, in unser Sein, in unsere Dimension. Die Wesen von Andorh befanden sich auf dem Prozessionsweg in den heiligen Tempel, um dort die Vereinigung von Orh und Ghon zu zelebrieren und die Verschmelzung aller Ebenen, die lebenserschaffende Kraft, zu feiern. Sie öffneten ihre Lebensmitten und ihr Symbol der Vereinigung und Liebe strahlte um die Sonnen herum und kosmische Einheit wurde dargestellt. Gott ist in jedem von uns.

Doch Neli erreichte sie nicht. Er versuchte, sein Haus aufzuhalten, damit sie den Tempel nicht betreten. Die 12 Häuser von Cassiopeia sind das Materie gewordene Wissen der Steine von Madokh. Tobith ist der dritte Stein, das dritte Haus. Erkennt, Erschaffung wurde nun gleich Manipulation. Es war nie so geplant. Und so fiel während der Vereinigung, die Neli nicht verhindern konnte, der Schatten Orions auf Cassiopeia. Und der Mißbrauch war vollendet. Einige unserer Abgesandten, die Ältesten und Weisesten aller Häuser, verließen sofort unsere Welt, so auch ich, Elyah, und wir gingen in das Exil hinaus in die Weite des Kosmos.

Das verbleibende Kollektiv initiierte aus Liebe zum Kosmos den Aufstieg. Sie beschlossen, sich aufzulösen und verhinderten somit den Mißbrauch ihrer Energiephalanx und ihres Wissens um die Einheit. Und Cassiopeia verging.

Erkennt, daß während dieses Aufstieges die Vision geboren wurde: Ein Sternenkind namens Mensch wird Cassiopeia wieder erwecken und die dritte Tafel auf Madokh zum Erklingen bringen.

Aus den Schülern von Deklet entstand die schwarze Dynastie, die schwarzen Herren von Orion mit ihrem Anführer Karon. Karon steht für die vollkommene Manipulation und für das Prinzip von Macht-Über. Sein Interesse ist es, die Trennung aufrechtzuerhalten und Störfelder zu erschaffen, um die Heilung, das Einswerden des großen Ganzen zu verhindern.

Diese 12 Tafeln sind immer noch auf Madokh. Von nun an wurde die dritte Tafel nicht mehr geschlagen, und eine Disharmonie des Herrschens, der Macht, der Manipulation, erfüllte das All. Es kam zu großen Konflikten, ihr nennt dieses Kriege. Es kam zu Manipulationen durch die fehlenden Emotionalplatten *(siehe Sternenwege)*. Die Form der Manipulation von Madokh, die durch den fehlenden Ton der dritten Platte entstand, war vielfältig. Viele Sternenrassen versuchten zu helfen: die Sternenrasse von Alcyon, die Sternenkinder von Sirius und die Sternenkinder von Aldebaran und viele mehr. Oktaviana, die Mutter von Alcyon, wurde von ihrer Heimat verbannt. Ein großes Wehklagen erhob sich und die Überspannung, die durch das Nichtanschlagen der dritten Platte entstand, war so groß, daß der Blitz entstand. Der Blitz, welcher Zerstörung bringt, war geboren.

So erschufen sich aus den Ebenen der Sternen Botschafter der verschiedenen Rassen und Völker. Die Gruppen der Lichtkrieger formten sich mit der Aufgabe, den Blitz aufzuhalten und um die Zerstörung, diese Manipulation, die nun von Madokh ausging, abzulenken. Elyah hat gesprochen und so ist es geschehen.

Aus dem Exil heraus erkannten wir häufig den Schmerz, den Schmerz, der Manipulation bringt, den Schmerz, der Krieg bringt. Und so vereinigte sich das Haus Tobith mit dem Haus Oreah und dem Hause Dorh, und sie erschufen eine kleine Welt. Diese Welt ist wie ein Tempel. Dieser Tempel schwingt im großen Stern des Großen Wagen. Und in diesem Tempel erschufen sie aus ihren Seinsebenen die 12 Platten – als energetisches Konstrukt – neu. Und Neli schlug diese Platten über den Zeitraum von 252.000 Erdenjahren. Dieser Klang der Kopien, der ursprünglichen Wissensbegebenheiten der Häuser, ist jedoch nicht in seiner vollen Kraft. Bedenkt, vieles war zerstört durch die Kriege und durch den kollektiven Aufstieg von Cassiopeia. So erschufen sie in wundervoller Art und Weise durch den Klang das System, das ihr Milchstraße nennt. Dieses System lenkte sich liebevoll um den Großen Wagen und vereinheitlichte die Orte des Geschehens. Aus diesem Kern heraus gebar sich eure Muttersonne. Und sie erschuf unter dem Segen des Hauses Dorh, Oreah und Tobith kraftvoll, liebevoll, wunderbar den neuen Madokh, genannt Gaia. Und Enock lenkte sein Lichtschiff mit den 144.000 Bewußtseinen von Cassiopeia auf die Ebene von Gaia, um hier die Heilung zu vollziehen, um hier Heilung zu sein für alle Sternenkinder. Und so seid ihr gekommen aus den Weiten der Universen, um hier Heilung eurer Wunden zu erfahren. Ihr werdet aus dem geheilten Einen Sein ein Sternentor kreieren, durch welches das Licht der Heilung auf alle 12 Häuser fallen wird. Die Platten werden sich zu einem Sein vereinigen und Cassiopeia wird neu entstehen im Zentrum von AN. Gaia ist das dreizehnte Sternentor. Gaia wird sich vereinigen mit dem Hause AN und mit dem Hause Cassiopeia und ein Haus wird entstehen. Dieses Eine Haus wird das Auge von AN durchdringen und eine neue Shekinah wird sich gebären. Einheit ist in der Quelle allen Seins.

Erkennt die Einheit der Töne eurer Sprache. Neli, Eli, Vater oder Gott. Eli, Eli, Eli, Lama Sabachtani; mein Gott, mein Gott, warum hast du mich verlassen? Erkennt und begreift, Meister Jesus sprach diesen Satz am Kreuz.

Als die Erde geboren war, entwickelte sie ein liebendes Bewußtsein aus den 12 Häusern von Cassiopeia in Verbindung mit allen Sternenrassen. Wir besiedelten diese Erde, wir erschufen das Volk von Lemuria, wir erschufen das Volk von Atlantis, wird erschufen das Volk von Rhubinihus, wir erschufen alle Erdenvölker dieser Erde. Erkennt, daß diese Erschaffung eine Durchmischung ist. Es ist eine Durchmischung vieler Sternenebenen, vieler Sternenvölker. Atlantis bekam die Aufgabe, neu zu entwickeln und neu zu forschen. Es begann die Evolution des Körpers, der Materie. Der genetische Code der Sternenfahrer, welchen ihr DNS nennt, sollte in den neuen Körpern angepaßt werden.

Wir schützten und liebten die neue Welt und erschufen eine liebende Hülle um diesen Planeten. Doch der Schatten von Madokh streifte diesen Schutzmantel. Und so kollabierte das System und der Schutz, den wir mit den 12 Siegeln aufgebaut hatten. Die große Pyramide, die den gesamten Urkontinent überspannte, die Pyramide von Poseidonis, stürzte in sich zusammen. Die Siegel fielen aus der Atmosphäre der Erde hinein in eure DNS, als der Blitz von Madokh auf den Obelisken traf, der die Pyramide von Poseidonis trug. Der Obelisk zerbrach. Dies geschah genau in dem Moment der Geburtstunde des ersten Menschen.

Der erste Schrei ertönte auf der Erde und der Mensch war geboren. Seit dieser Zeit betritt jeder Mensch mit einem Schrei diese Welt.

Die Siegel erfüllten euer Sein und ihr wußtet, was Schmerz ist. Das ist der Baum der Erkenntnis. Das ist das, was eure Theologen den Sündenfall nennen. Ihr fühltet den Schmerz der Getrenntheit, des Nicht-Eins-Seins über eurem göttlichen Kern. Doch nahe ist die Zeit der Befreiung, fürchtet euch nicht länger vor dem Schmerz und vor dem Leid. Ihr seid Sternenrasse, vergeßt dies nie!

Sage den Kindern von Gaia: Öffnet eure Lebensmitte in euren Gebeten, egal zu welchem Gott, öffnet eure Lebensmitte in euren Meditationen, und ruft Gott aus eurem Innern in die Ebene der Sterne und so werdet ihr den Frieden des Vaters in euch spüren. So schafft ihr Heilung. Assimiliert die Energien, gebt sie weiter an die Erde, so schafft ihr Heilung. Das ist eine Grundübung und dann erstrahlt eure Schönheit und erhellt den Glanz der Sterne. Das ist das Ende des ersten Kapitels.

Ich danke dir Elyah.

Elyah bat uns an dieser Stelle, Fragen zu formulieren, um uns die Möglichkeit zu geben, das Wissen aus den Kapiteln besser zu verstehen und zu begreifen. Sie sagte uns:

Bitte, stelle deine Fragen zielgerichtet, damit ich dir antworten kann, indem ich aus den Chroniken der Häuser die notwendigen Informationen assimilieren kann, um sie dir zu transferieren. Ich bediene mich der Schwingungsübertragung der Häuser nicht nur mit der Sprache, sondern auch mit den Botschaften, die ihr Bilder der Träume nennt. Bitte achtet darauf, was ich euch sende in der Nacht. Dies gilt auch für meine Leser, denn die Energien verbinden sich. So wirkt dieses Buch grobstofflich wie auch feinstofflich. Die Schwingung der einzelnen Namen bereitet eure Zellen auf den Aufbau der 12-Strang-Helix vor. Dies ist Elyah.

Ich danke dir.

FRAGEN AN ELYAH ZUM ERSTEN KAPITEL

Guten Morgen Elyah.

Einen guten Morgen wünsche ich euch auch. Bitte, wir beginnen heute mit der Beantwortung der Fragen zum ersten Kapitel.

Ich möchte dir auch noch ein paar Fragen stellen, die wiederholen, was du uns schon gelehrt hast. Ich möchte gerne, wenn das für dich in Ordnung ist, daß du einige Begriffe für die Leser noch einmal detailliert erklärst:

Was bedeutet der Begriff „Haus" für dich?

Es ist eine gut gewählte Frage. Das Haus ist die Bewußtseinsebene der Verschmelzung allen Wissens zu allen Themengebieten, welches die 12 Themengebiete der kosmischen Harmonie sind. Das ist eine Bündelung des Tones, ähnlich der 12 Platten, der 12 Steine. Es handelt sich um steinerne Platten. Diese steinernen Platten haben einen Durchmesser von ca. 3,75 km und eine Höhe von 1.213,25 km. Bitte erkennt, sie sind Konstrukte in einer großen, großen Weite und sie beinhalten im All das Wissen aller Sternenvölker und Rassen in diesem Universum der Dualität. Die 12 Platten sind wichtig, bitte verstehe und begreife. Sie müssen angeschlagen werden, damit die Information der Assimilation weitergegeben wird. Der Frevel bestand darin, die dritte Platte nicht mehr zu schlagen, so entstand eine Disharmonie.

Diese 12 Platten bestanden aus einem Material, welches ihr nicht kennt und in euren Worten nicht zu beschreiben ist. Die 12 Häuser von Cassiopeia sind fleischgewordene Aussendungen dieser Platten. Es ist wichtig für euch zu begreifen, daß ein Haus eine dieser steinernen Tafeln darstellt und zwar in der Komplettierung all dieses Wissens im

Ausdruck einer Schwingungsebene, die sich darstellen kann in belebter Materie, die sich aber auch darstellen kann in reiner Energie. So konnte ich reisen.

In dem System, das die Menschheit Horoskop nennt, haben wir auch 12 Häuser. Gibt es hier einen Zusammenhang?

Horoskope sind das verkürzte Wissen der zweiten Platte. Bitte, in der Astrologie ist dieser Speicher nicht besonders stark bewandert. Deshalb verband ich mich mit einigen Gehirnebenen eurer Rasse, die sich sehr mit Astrologie beschäftigen. Es ist ein sehr schönes Konstrukt, wenn auch ein sehr verkürztes. Denn ihr lenkt die Kräfte der Sterne, nicht umgekehrt. Dazu ist es wichtig zu erkennen, daß es hier eine sehr extreme Verkürzung in der Erschaffung von Gaia gab. Bitte, diese Verkürzung wurde forciert durch die Implantation der Siegel in das menschliche Bewußtsein. Es gab 11 Völker auf dieser Erde. Erlaubt mir, den Begriff zu prägen: 11 Häuser dieser Erde. Das zwölfte Haus dieser Erde ist der erwachte kosmische Mensch. Das Gefäß, das gefüllt ist; dieses gefüllte Gefäß forciert einen Sprung der Dimensionsweiten, und so entwickelt sich Gaia zum dreizehnten Sternentor. Es ist eng verbunden mit dem zwölften Haus der Menschheit. Dieses zwölfte Haus der Menschheit wird gemeinschaftlich diese dritte Platte zum Klingen bringen.

Danke.

Könntest du bitte noch einmal für die Leser genau definieren, was du unter „assimilieren" verstehst?

Sehr gerne. Die Assimilation ist das Aufgeben aller inneren und äußeren Widerstände. Assimilation kann entstehen, wenn Du „schutzlos" wirst. Schutzlos werden heißt, Bereitschaft zu signalisieren zum Verschmelzen. Es bedeutet, keine Angst mehr zu haben. Schutzlosigkeit heißt angstfrei sein. In dieser so entstandenen Energie der Angstfreiheit, kann ein liebevolles Sich-Durchdringen, ein Eins-Werden, ein Entdecken-Wollen und Neugierig-Sein auf neue Daseinsformen entstehen. Das ist ein Glücksgefühl. Um euch dieses zu erklären, in der Emotionalität, erinnert euch daran: Buddha wurde eins mit dem Maulbeerbaum und erlebte das Glück, Blüten zu tragen. Neue Erfahrungswelten öffnen sich euch durch Assimilation. Durch widerstandsfreies Einswerden mit allen Dingen. Das ist das kosmische Prinzip. Das All ist durchwirkt von Liebe. Liebe im kosmischen Sinn bedeutet: Einswerden, Durchdringen, Annehmen und Aufnehmen, liebevoll verinnerlichen und somit Leben zeugen. Leben jenseits jeglicher Wertung. Alles Leben ist willkommen und alles Leben ist schön. Liebe ist die Schwester der kosmischen Schönheit: alles strahlt, alles funkelt und alles ist eins. Liebe den Widerstand, somit ist Widerstand zerstört. Erkennt, Einswerden ist Heimat, ein Gefühl des Verstehens, ein Gefühl des Miteinander-Entdeckens. Erfüllt die Fülle, das ist das Prinzip! Liebe ist!

Erfüllte Fülle, ich lege Wert auf diese Definition, ist nicht Begrenzung; sie stellt kosmisches Leben dar, das kosmische Eine Sein. Erfüllte Fülle zieht die Assimilation nach sich. Nach der Assimilation folgt die kosmische Schönheit. Erfüllte Fülle ist kosmische Schönheit. Erkennt, Leben und Schönheit sind Eins.

Von welchen Sternenebenen kamen die 66.000, die auf AN mit ihrem Lehrer Deklet den neuen Madokh erschaffen haben?

Es kam aus jeder Sternenrasse des Universums der Dualität eine Königswesenheit. Sie verbanden sich im Tempel der Einheit des Universums zur Schülerschar.

Bedeutet das also, daß 66 000 Sternenrassen im Universum der Dualität vorhanden sind?

Das ist richtig. Deshalb trägt der Mensch die Zahl 6. Als Vereinigung des neuen Madokh, als Vereinigung der neuen Sternenrasse Mensch.

Erkläre uns bitte Evolution. – *Wir wissen, was Evolution heißt, aber warum war Evolution überhaupt nötig oder warum ist Evolution überhaupt nötig?*

Jeder von uns möchte sich erfahren, sich erfüllen. Das ist das Prinzip der erfüllten Fülle. Durchdringen und sich hingeben ist ein wunderschönes Seinskonstrukt. Ein Seinskonstrukt, welches dadurch neue Energien erzeugen kann. Evolution wird niemals alt. Evolution ist eine Triebfeder zwischen den Kräften Shaddai und Shekinah. Evolution ist ein Durchdringen und erfüllt die Fülle. Die Fülle, die niemals sich erfüllt. Nicht! Verstehe es genau, verstehe und spüre. Neugierde erfüllt sich im Ausdruck allen Seins. Denke jetzt nicht an Mangel, denke jetzt in der Fülle. Ein immer neuer

Kreislauf kreiert sich, immer neue tanzende Bewegung, immer wieder neue Farben hin zum Einssein. Leben erfüllt sich in Fülle und krönt sich durch Schönheit. Und Schönheit ist der neue Zustand des universellen Seins; immer wieder erfahren wir dieses, und somit ist ein Kreis geschlossen.

Dann bestand der höhere Sinn des Nicht-Anschlagens der dritten Platte darin, daß dieser Kreislauf geschaffen werden konnte?

Nein. Das Nichtanschlagen der dritten Platte, der Platte der Erschaffung, war die versuchte Zerstörung dieses Kreislaufs. Dadurch entstand Manipulation und das Herrschen-Wollen über den Prozeß der erfüllten Fülle. Und somit wurde die erfüllte Fülle begrenzt. Sie wollten die Energien lenken. Die Energien können sich nicht mehr zu allen Seiten öffnen, sondern sie verschließen sich in einem Punkt. Das ist ein lebensfeindliches Prinzip.

Das Haus Tobith ist das Prinzip der Erschaffung. Haus Tobith manipuliert nicht, es herrscht über Manipulation, das heißt, es erhebt sich über die Manipulation und überlagert die Schwingung der Manipulation. Madokh manipuliert, nicht das Haus Tobith. Es versucht, eine Überschwingung zu erzeugen, um Manipulation in ihren schädlichen Auswirkungen – ich lerne Bewertung – einzudämmen.

(Elyah begann, sich an dieser Stelle ihrer Unterweisung erstmals mit Wertung auseinanderzusetzen.)

Habe ich richtig verstanden, daß AN, der mittlere Gürtelstern des Orion, dann für das Prinzip der erfüllten Fülle steht?

In Verbindung mit unserer alten Welt Cassiopeia. – Wäre die Vereinigung von Neli verhindert worden auf Andorh, wäre der Mißbrauch von Cassiopeia nicht geschehen. Aber dann hätte es trotzdem die Manipulation bereits gegeben durch das Nichtanschlagen der dritten Platte.

Ist es sinnvoll zu wissen, was dann geschehen wäre?

Ja. Dann hätte sich dieses Universum aufgelöst. Die Kraft der Manipulation hätte alles zerstört. Durch den kollektiven Endpunkt von Cassiopeia, durch das Ausströmen der 12 Häuser, wurde diese Zerstörung verhindert. Erkennt, die Selbstzerstörung von Cassiopeia war ein Akt der Liebe an dieses Universum. Es war der Versuch, erfüllte Fülle weiterleben zu lassen. Deshalb entstand das Prinzip der Heilung. Heilung ist der Versuch, erfüllte Fülle wieder entstehen zu lassen und die Verbindung ist gelungen in der Erschaffung Gaias.

Das habe ich verstanden. Neli fuhr nach Cassiopeia, um die Vereinigung zu verhindern. Wußte er, daß sich das Universum auflöst, wenn er die Vereinigung verhindert?

Ja, er wußte das. Er wußte es. Und er hat versucht, dadurch einen Neuanfang zu kreieren. Hätte er die Vereinigungen verhindert, wäre das gesamte Universum kollabiert.

Das haben wir begriffen. Aber er wollte das doch gar nicht?

Er wollte das Alte wegwischen, damit ein neues Universum entsteht. Das Alte wollte er assimilieren ins Nichts, um ein neues Universum aufzubauen.

Und dann hätte es auch keine Heilung gegeben.

Das ist richtig. Heilung ist eine neue Erfahrung der Durchdringung des Universums.

Vielen Dank. Das war wichtig.

Dann hast du noch gesagt, daß die Prophezeiung lautet: Ein Sternenkind namens Mensch wird die dritte Tafel wieder zum Klingen bringen. Mit diesem einen Sternenkind namens Mensch meinst du den kosmischen Menschen?

Das zwölfte Haus.

Also nicht ein persönlicher Mensch.

Nein, die erwachte kosmische Sternenrasse Mensch.

Ich habe noch nicht verstanden, warum Oktaviana, die Mutter von Alcyon, verbannt wurde wohin? *Denn bei einer unserer Erdheilungsarbeiten in Irland haben wir Oktavianas Energiephalanx von Sainte Marie de la Mer nach Irland zum Old Head of Kinseal gebracht, und hier wurde ihre Energie befreit und sie ging nach Hause, nach Alcyon.*

Richtig. Oktaviana leistete während der orionischen Kriege großen Widerstand. Durch die Kraft des Fließens und durch die Kraft ihres

Durchdringens, durch ihre Energiephalanx, war es ihr möglich, orionische Verteidigungsposten – ihr würdet heute sagen – zu vernichten. Dadurch war sie so brisant, denn ihre Energiephalanx drang vor bis nach Madokh. Ihre Energiephalanx konnte nicht entdeckt werden, und somit zerstörte sie immer wieder Teile des Bewußtseins Madokh. Die schwarzen Priester waren nicht erfreut darüber, wenn ich dieses in der Bewertung der Schwingung der Sprache sagen darf. Sie kreierten ein Energiefeld der Dichte um Oktaviana herum, ähnlich einer Kugel aus Kristall. Diese Kugel wurde verschmolzen mit der Sonne Rigel. Bei der Erschaffung Gaias befreiten plejadische Wesenheiten dieses Energiegebilde, extrahierten es aus der Sonne Rigel, nahmen diese energetische Phalanx und setzten sie auf den Heilungsplaneten Gaia, weil sie sich erhofften, daß die Schwingung von Gaia diese energetische Phalanx auflösen kann und das Sein von Oktaviana befreit. Das ist holistische Liebe. Versteht ihr?

Oktaviana bezeichnet sich selbst als die Mutter der Schwesternschaft der Schilde. Schild, so habe ich durch dich gelernt, ist Ego, du erklärst die Schilde in einem der folgenden Kapitel noch genau. Ich habe in diesem Zusammenhang Schwierigkeiten mit dem Wort „Schilde". Kannst du das erklären?

Die Schwesternschaft der Schilde ist eine Energiephalanx, die es schafft, Ego zu durchdringen und somit den Schild porös zu machen. Die Schwesternschaft der Schilde ist eine Gruppe energetischer Wesenheiten aus verschiedenen Sternenrassen, die den Menschen hinter den Schilden zu Hilfe eilen, indem sie die Schilde durchdringen. Die Schwestern der Schilde sollte besser heißen: Schwestern der Auflösung der Schilde. Nicht der Heilung der Schilde, denn mit der Heilung des Egos stellst du Schilde her. Du bringst die Schilde in ihre Funktion. Wir könnten sie auch Schwesternschaft des Mutes nennen, des Mutes, die Schilde abzulegen. Mut, die Schilde, das Ego nicht mehr zu brauchen. Es gibt inkarnierte Schwestern der Schilde auf dieser Erde. Dazu gehören die Kahunas, im besonderen die Hulatänzerinnen, sie stellen Einheit her durch ihren Tanz. Die Töchter des Regenbogens sind große Heilerinnen. Das gesamte Volk der Aborigines und der Inuit gehört dazu, die Lappen und die Dänen. Ebenso die Holländer, darum sind sie so offen und so freiheitlich. Niederländer sind sehr wichtig für Europa und ein sehr spirituelles Volk. In Afrika gehört das Volk der Massai, der Rinderzüchter zur Schwesternschaft. Die polynesischen Völker aus Tahiti, Bora Bora, Fidschi und Samoa, das

Volk von Bali und die kanadischen Indianer. Verstehe und begreife, es sind nicht nur Frauen, es sind Frauen und Männer; nur ein Gen ist unterschiedlich bei Männern und Frauen, und das ist nicht so wichtig.

Doch weiter mit der kosmischen Schwesternschaft: Auf den Schilden wird die Energie der Shekinah, des zentralen Bewußtseins, kommen. Wie auf einer bepflasterten Straße wird Vesta fahren, gezogen von den 12 Himmelspferden, welche sind die 12 Sternentore, und sie wird liebkosend Gaia in die Arme schließen und so schließt sich das dreizehnte Tor.

In der Verschmelzung Vesta und Shekinah mit Gaia sollte sie in Verbindung Vesta und El Shaddai mit Shekinah Leben mit Gaia zeugen. Die neue Shekinah des neuen Universums wird geboren.

Bitte seid nicht verblüfft. Verblüfftsein grenzt ab. Bitte erkennt, das Bild, das erschaffen wurde, zeigt einen Brautwagen, eine Hochzeitskutsche, gezogen von Pferden. Ist dieses Bild angenehm? Braut und Bräutigam werden auf Gaia zusammengebracht. Es entsteht ein neues Kind. Die neue Shekinah als Frucht der Verschmelzung.

Gut. Ich möchte trotzdem noch einmal zum Verständnis dessen, was du gesagt hast, zurückkehren. Vesta ist der Brautwagen und bringt Braut und Bräutigam zusammen. Vesta ist für uns das weibliche Prinzip der Sonne. Jetzt sind wir hier an diesem Punkt, der sich um die dynamische Rezeptivität und die rezeptive Dynamik dreht. Könntest du dieses noch genauer erläutern, bitte?

Die Trennung beider Kräfte ist eine Definition der Erde als Ausdruck von Dualität. Shekinah und El Shaddai ist Eins. Doch dieses könnt ihr linear nicht verfolgen. Ihr benötigt das Wechselspiel dieser Kräfte, das auseinanderdefinierte andere Sein, um es zu erklären. Linearität bedeutet erklären.

Dann hast du gesagt, daß die Lichtkrieger den Blitz der Zerstörung aufzuhalten versuchten? ***Könntest du bitte den „Blitz der Zerstörung" noch einmal genauer definieren?***

Das ist das Spannungsfeld der dritten Platte. Durch das Anschlagen der Platte löst sich die Spannung in lebensspendende Schwingung und treibt in Wellen durch das Universum. Durch das Nichtanschlagen der dritten Platte entsteht eine Überspannung. Diese kann sich nicht in Wellen formieren, sondern in einem Blitz, einem Strahl der Entladung. Diese

Entladung wirkt zerstörend auf das Leben, auf die Seinsebenen. Dieser Blitz reißt Löcher hinein in das Sein, welche durch Fülle nicht gefüllt werden können. Dies sind die Früchte des Blitzes in der Materie.

Erklärst du uns, was die „Pyramide von Poseidonis" ist?

Versteht und begreift, zuerst war ein großer Kontinent. Dieser Kontinent wurde von einem großen pyramidalen Konstrukt überspannt. Dieses Konstrukt spiegelte sich auch in die innere Welt hinein. Diese Doppelpyramide, ein Oktaeder, wird als Pyramide von Poseidonis bezeichnet. In ihrer Mitte wurde sie von einem Obelisken gehalten. Als der Blitz von Madokh die Pyramide zerstörte, zerbrach der Urkontinent in viele Teile und die einzelnen Kontinente entstanden. Wenn ihr alle Kontinente wieder zusammenfügt, erkennt ihr ein Loch vor der Küste Israels. Hier passen die Azoren genau hinein. Das war der Standort des Obelisken.

Mit der Zerstörung brachen auch die inneren Welten zusammen und es bestand keine Verbindung mehr. Das Haus Rhubinihus ging in die Zwischenwelten, aus ihm heraus entstanden Feen und Elfen; auch das Volk des blauen Halbmondes, ein Volk der Innererde, gehört dazu. Doch dazu werde ich in einem anderen Buch mehr erzählen. Das Volk von Atlantis hielt das Sternenwissen und das Volk von Lemuria hielt das Wissen um die Materie. Durch den Blitz fielen die Siegel in den neuen Menschen und die genetischen Codierungen wurden zerbrochen, so daß aus den verbleibenden Beständen eure Doppelhelix entstand. Wenn im Jahre 2012 alle Siegel wieder in ihre Position an eurem Himmel gehen, wird eure DNS sich wieder vollkommen entfalten zu einer 12-Strang-Helix, besser einem 12-Knäuel-Helix.

Erklärst du uns „Muttersonne"?

Die Muttersonne ist Wärme. Sie ist ein wundervolles Konstrukt, ein kleiner Stern, welcher dieses Planeten-Bewußtsein Gaia in der Materie durch eine große Eruption mit den Geschwistern, den Planeten geboren hat. Die Planeten sind die grobstofflichen Mütter von Gaia. So wie euer Mond, der Gaia umkreist. Der Mond ist nichts anderes als ein Schutz für Gaia. Damit die Gesteinsbrocken, welche durch das All fliegen, nicht auf Gaia treffen. Der Mond bildet einen Schutzmantel um eure Atmosphäre.

Dankt diesem Bewußtsein für den Dienst, den es tut. Luna hat auf ihr eigenes Strahlen verzichtet. Luna ist die kleine Schwester von Gaia.

Ist Luna auch das Prinzip vollkommener kraftvoller Hingabe?

Das ist richtig.

Luna ist nicht aktiv; aber aus ihrer Passivität heraus erzeugt sie eine ganz große Kraft!

Große Weisheit spricht aus deinem Mund.

Hier möchte ich dich bitten, den Begriff „Zentralsonne" zu erklären?

Die Zentralsonne ist absolute Dichte. Sie ist das Große Sein im Nichts. Sie ist Fülle, die vollkommen erfüllt ist. Die Zentralsonne erfüllt sich neu, indem sie sich selbst zerstört. Sie verströmt sich in die Weite, um sich wieder zu sammeln. Das ist der Zyklus von Leben im kosmischen Sinn. Die Zentralsonne ist die Mutter aller Materie.

Erklärst du uns bitte den Begriff „Sternentor"?

Sternentor, ein wichtiges Wort auch in der Schwingung. Sterne und Tor! Die Sterne vereinigen Licht auf einen Punkt und erschaffen somit einen Durchgang zu noch größerem Glanz, zu noch weiterführenden Galaxien und Bewußtsein. Ein wichtiges Prinzip des Durchgangs sind die anderen Universen. Sternentore schaffen Durchgänge für neugieriges Leben, für das Erschaffen, für neue Erfahrungen. Sie verbinden sich mit den Welten hinter den Schleiern. Schleier sind die Ebenen der Quasare. Das sind Gestirne, welche leuchten und doch nicht leuchten. Dennoch bilden die Quasare eine Barriere aus Tönen, die vom Sein dieses Universums nicht assimiliert werden können. Sternentore verbinden sich mit diesen Tönen und machen sie durchlässig.

Das heißt, hinter jedem Sternentor wartet ein neues Universum?

Ja.

Was sich kreiert quasi in dem Moment, wo bewußtes Leben durch das Sternentor durchgeht?

Das ist richtig!

An dieser Stelle würdest du bitte für die Leser auch den ***Begriff „Lebensmitte"*** *erklären, den die Essener auch als einen sechszackigen Stern symbolisieren, aus dem heraus die Kräfte gelenkt werden?*

Lebensmitte ist ein Begriff der menschlichen Rasse, geboren aus dem Wissen von Enock (=Enoch). Es ist entstanden aus dem Energiesein in der Materie. Die Lebensmitte liegt im Bauchraum des Körpers. Diese Mitte ist der solare Mittelpunkt des Menschen und verfügt über Erkenntnis und große Kraft. Der Stern mit 6 Strahlen, das Symbol der Lebensmitte, ermöglicht zielgerichtetes Sein, sich verbinden und assimilieren. Die Lebensmitte ermöglicht das Erschaffen von Leben, im Groben wie im Feinstofflichen. Das ist ein wundervolles Konstrukt der Sternenrasse Mensch.

Für uns, in unserer menschlichen Terminologie, ist die Lebensmitte die Zusammenführung vom Zentrum des spirituellen Herzens mit dem spirituellen Solarplexus?

Alle Energiepunkte des Körpers vereinigen sich in der Lebensmitte. Das chakrische System führt zu einem Trennen der Energieebenen, führt zu einem Auseinanderreißen von Lebensqualität in einzelne Definitionen. Jede Definition ist eine Trennung und zerstört die Einheit der Kraft. Die Lebensmitte ist die Vereinigung, die Vereinigung der Energien ist Einsein, das sich ausdehnt und zusammenzieht aus der lebensschwingenden Kraft der Neugierde.

Ich habe das zwar gefühlt, als du es uns gestern gesagt hast, aber es fällt mir schwer, es in die richtigen Worte zu bringen:

Erklärst du uns bitte noch einmal den tieferen Sinn der Worte des Meisters Jesus am Kreuz: „Mein Gott, mein Gott, warum hast du mich verlassen?"

Der Meister Jesus war ein wichtiges Leben der menschlichen Rasse. Er war der Erstgeborene des zwölften Hauses. Er spürte dort am Kreuz zum ersten Mal die Trennung von der Heimatwelt. Er spürte dort die Trennung vom göttlichen Prinzip. Darum rief er nach dem Prinzip der Einheit des Seins, um es wieder zu erfahren. Diese Worte sind Heilung.

Er war der Erstgeborene des zwölften Hauses der Menschheit; also der erste kosmische Mensch.

Vielen Dank Elyah.

II

GAIA UND DIE ENTSTEHUNG DER MENSCHLICHEN RASSE — DIE GESCHICHTE DES URSPRUNGS UND DAS STERNENWISSEN

SIEGEL SIND DER AUSDRUCK DER FÜLLE DES SEINS DURCH LIEBE KOMPRIMIERT HINEIN IN DIE ERFAHRUNG DER BEGRENZUNG.

Durch manipulativen Mißbrauch wurde der Segen der Siegel zum Fluch. Das liebende Bewußtsein von Cassiopeia gab sich dem Ziel der Heilung hin. Wir sind im Exil und wir erschufen einen neuen goldenen Madokh mit Gaia. Erkennt, Gaia gebar sich als wundervolles Bewußtsein der Heilung, der Verschmelzung und der Vereinigung. Wir wollten die erneute Manipulation des Schattens, des Blitzes, verhindern, der durch die Kreation des Nicht-Anschlagens des All-Einen Tuns der dritten Platte erzeugt wurde. Dadurch entwickelten wir Segen. Wir erhoben unsere Stimmen aus den Welten des Exils und transferierten diese Formen des Segens. Wir nennen diesen Segen: Siegel. Wir senkten die Siegel der 12 Stämme und Häuser hinein in das Bewußtsein der Atmosphäre des jungen Planeten Gaia. Diese Formen des Segens, die Siegel, schwangen in der Lufthülle, der Gashülle des Bewußtseins von Gaia und schützten vor den Strahlen des Schatten-Madokh. Somit entwickelte sich Leben in Form der Materie. Die Formen der Siegel verbanden sich mit den reflektorischen Strahlen von Luna. Sie erzeugten ein Schwingungsfeld, in dem die Bildung der Elemente möglich war. Durch diese Siegel erschufen wir die 4 Säulen von Gaia.

Wasser verband sich in Form von Dampf mit dem Element Luft. Es regnete auf flüssiges Gestein, kühlte ab, erzeugte neuen Dampf und so entstand Land. Tiefen und Höhen formten sich und Gaia erschuf sich in Freude und aus Freude an der Erschaffung. Ein Leben in Fülle war die Folge des Segens. Wir assimilierten, und somit erschuf sich dieses Bewußtsein Gaia – Leben durch die Kraft der Siegel. Siegelung bedeutet nicht Begrenztheit. Die Siegel sind die Erfahrbarmachung der Fülle in der Materie. Erkennt, durch die Siegel begann Gaia Leben zu assimilieren.

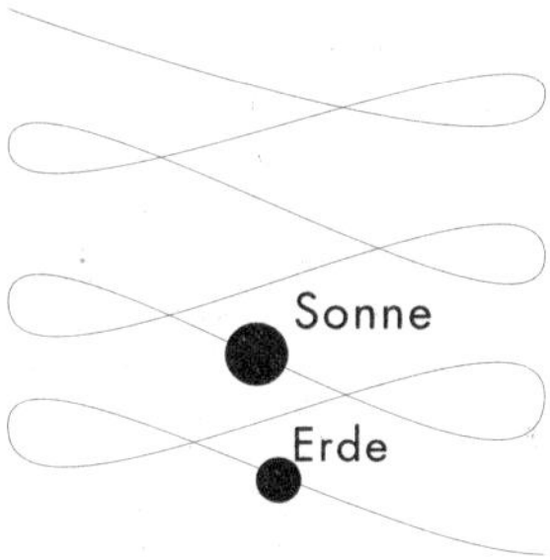

Denn der Planet reiste auf seinen geschwungenen Bahnen durch die Dimensionen und verband sich mit verschiedenen Dimensions-Fokussen und Heilungs-Bewußtsein. Das Ziel dieser Reise durch die Ebenen war, ein lichtes neues Madokh zu erschaffen. Alle Rassen der Sterne besuchten dieses neue Bewußtsein Gaia. Sie gaben ihren Anteil in die Atmosphäre hinein, und so entwickelte sich das Element Wasser und das erste Leben. Und es begann der friedvolle Prozeß der Evolution. Die Siegel in der Atmosphäre waren wie Hohlspiegel, welche sich auf die energetischen Qualitäten, die benötigt wurden, ausrichteten. Mit Hilfe der Hohlspiegel wurden aus den Weiten des Wissens der Dimensionen Energien nach Gaia gelenkt, um hier durch Verschmelzung zu erschaffen.

Sodann besiedelten 11 Rassen dieses Bewußtsein Gaia und schmückten es mit Formen von Pflanzen, mit Formen von Natur, sie formten Gebirge, sie formten unterschiedliche Lebensräume. Sie formten aus Freude am Erschaffen.

Ich möchte euch ein Beispiel aufzeigen. Die Bewohner von Ptah erschufen sich Gebirge mit Regionen der kargen Vegetation, mit einem Klima von Kälte, das empfinden sie als lebensfreundlich. Diese Wesen zogen in die Gebirge und erschufen Hochkulturen im Bereich der Anden und im Bereich des Himalaja. Sie nannten sich Itey, die Bewohner der Berge. Ihr verändertet die Schwingung dieses Namens in Yeti. Erkennt und begreift, ihr tragt das Geheimnis des Wissens in eurer Lebensmitte.

Die Siegel erfüllten ihre Aufgabe sehr gut. Durch eine bestimmte Sternen-Konstellation wurde das benötigte Wissen in einer Triangulation gebündelt und wurde dann von den großen Hohlspiegeln der Siegel erfaßt. Die Lichtstrahlen kreuzten sich mit der lebenspendenden Energie von Gaia, und das Bewußtsein Poseidonis aus dem Volk der Atlanter diente als ein großer Empfänger all dieser Energien. Atlantis benötigte diese Kraft. Und da Kraft nicht wertet, strahlten alle Hohlspiegel auf Atlantis aus. Das große Bewußtsein des Obelisken verband die Schwingung und gab sie weiter in die Hohlwelt, in das innere Bewußtsein Gaias und erfüllte diese Welt. Seit dem Zerbrechen dieses Obelisken herrscht Dunkelheit in dieser Welt. Ihr nennt diese Dunkelheit: Hölle! Erkennt und begreift. Liebendes Bewußtsein ist erfüllte Fülle und lebenswertes Leben. Lebenswertes Leben ist ein Bewußtsein der Durchdringung dieser erfüllten Fülle in allen Seinsschichten deines eigenen Bewußtseins, deines Kosmos. Leben erweckt in dir die Neugierde auf Verschmelzung. Somit schließt sich ein Kreis. Ein Kreis des bewußten Seins.

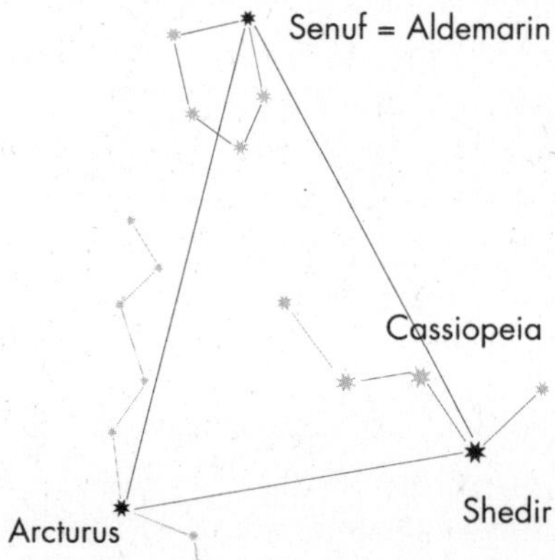

Erkenne, wie diese Kraft der beschränkten Fülle in Materie, die sich in den Hohlspiegeln der Siegel brach, in Atlantis gebündelt wurden.

Die Fülle auf Gaia war geboren, und aus den Weiten dieser Triangulation senkte sich, aus dem Energiefokus von Regulus im Sternbild Löwe, eine wichtige Botschaft in euer System hinein. Diese Information war sehr wichtig. Denn die Zeit war erreicht, wo die fünfte Dimension sich herabsenken wollte. Diese Energien strahlten von Regulus hinein in diese Triangulation der Sternenwelt. Die Möglichkeit des Durchgangs für den lichten Madokh war erreicht; Gaia sollte durch diese wundervollen Schatten durchfließen, um Cassiopeia wieder zu erwecken.

So erkennt und begreift, Regulus ist eine wichtige Pforte. Regulus ist ein Sternentor, dessen Energie sehr bewußt vom Hause Tobith gesteuert wird. Regulus strahlt die 5-dimensionale Energie aus. Diese Energiephalanx sollte auf Gaia von einem großen steinernen Löwen begrüßt werden. Das Volk von Atlantis hatte einen Koloß errichtet, der sein Gesicht genau dem aufgehenden Sternbild Löwe zum Gruße entgegenstreckte, um Regulus und die fünfte Dimension zu begrüßen, wenn sie am Horizont aufgehen. Ihr nennt diese Statue die Sphinx. Die Botschaft dieser Statue war: „Komm her, vereinige dich mit den 3 großen Seinsebenen, den drei Völkern von Gaia, die das Sinnbild von AN sind. Strahle aus in die Schattenwelt Madokhs und befreie das Eine-Sein." Gaia durchdrang, erwartete und Gaia erschuf. Atlantis wollte das Wissen der Evolution der Heilung in Einem-Sein mischen. Vom mittleren Sinnbild des Hauses AN aus sollte der kosmische Mensch auf der Schwingung der fünften Dimension nach Madokh transferiert werden. Das war der Plan. Durch die Verschmelzung der heilenden Kraft von Madokh mit der Schattenkraft Madokhs entsteht Einheit. Es entsteht Assimilation. Der kosmische Mensch schlägt die dritte Platte an und Heilung ist hier geschehen. So kann sich Cassiopeia neu erschaffen und wir können heimgehen. Erkennt und begreift.

Atlantis versuchte, irdisches Heilungs-Bewußtsein in der Entstehung der zwölften Rasse, in der Entstehung des kosmischen Menschen zu verschmelzen. Und dieser kosmische Mensch sollte über die Schwingung der fünften Dimension von der Pyramide transferiert werden nach Madokh, um die dritte Tafel anzuschlagen. Dadurch entsteht Verschmelzung. Denn die Harmonie des symphonischen Klangs des Seins ist dann wieder Einheit.

Elyah, dürfen wir dir ein paar Fragen stellen, um die Geschichte besser zu begreifen?

Ja, bitte.

Meinst du mit Pyramide die drei Pyramiden von Gizeh?

Ja, denn sie sind das Sinnbild der Gürtelsterne des Orion. Sie symbolisieren: EL, AN und RA.

Dann meinst du die Chephrenpyramide, die mittlere Pyramide?

Ja, natürlich, sie ist das Sinnbild von AN. Um AN kreiste einst der goldene Madokh, als er noch auf seiner Bahn der Einheit schwang. Madokh umrundete EL, AN und RA.

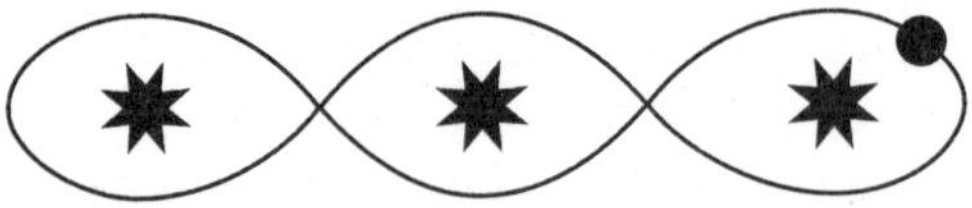

Während unserer Pilgerreise nach Ägypten im Jahr 1998 haben wir dort den Saturnzylinder errichtet. Dieser Energiezylinder ist jedoch auf Saturn ausgerichtet. Das würde bedeuten, es müßte ein neuer Aufzug, ein neuer Zylinder, errichtet werden, der sich auf Madokh ausrichtet?

Das ist das Bewußtsein, welches ihr den Transponder von Pluto nennt.

D.h., wenn das soweit getan ist, wenn der Transponder hinein in den Saturnzylinder ausgerichtet wird, kann der Aufzug entstehen, so daß der kosmische Mensch über die Chephrenpyramide nach Madokh aufsteigt, um die dritte Platte anzuschlagen.

Ich lobe dein holistisches Denken.

Wo waren der Obelisk und die Pyramide von Poseidonis denn zu dieser Zeit? Wir haben immer das Gefühl, es wäre auf den Azoren gewesen?

Die Azoren sind ein kleiner Teil. Die Pyramide war unweit der heutigen Stadt Jerusalem. Das Zentrum des Obelisken ist Jerusalem. Erkenne, Atlantis zerbrach in die Bereiche, die ihr Kontinente nennt. Führe alle Kontinente zusammen und vor der Küste des Landes Israel würde ein Loch entstehen. Dort hinein gehören die Azoren. Erkennt und begreift. Atlantis war ein großer Gesamtkontinent, und die Pyramide von Poseidonis spann sich über den gesamten einen Erdteil, der mit pyramidalen Konstruktionen förmlich gespickt war. Diese Pyramiden hielten, verankerten die große eine Pyramide, die Pyramide von Poseidonis. Warum entwickelt ein Volk in einem anderen Kontinent Pyramiden? Ein anderes Volk an einer anderen Stelle entwickelt ein gleiches Konstrukt. Warum diese Einheit?

Die Pyramiden sind aus Mineralien errichtet und sie dienten als Transponder. Sie hielten das große Konstrukt, welches genannt ist Pyramide von Poseidonis. Das Zentrum dieser Pyramide war der Obelisk. Er befand sich grobstofflich in der Ebene von Jerusalem und war der Mittelpunkt der Pyramide. Erst nach dem Zusammenbruch entstanden die atlantischen Kuppelbauten, an die ihr euch erinnert.

Alle Völker, auch Atlanter wandelten auf dem einen Kontinent. Der Obelisk erhob sich aus der Mitte, er strahlte aus und bündelte die Kräfte der 12 atmosphärischen Siegel, welche das Leben aus verschiedenen Welten in Obelisken hineinspeisten. Der Obelisk strahlte die kosmischen Kräfte auf die Ebene von Lemuria, von Atlantis und von Rhubinihus aus. Das waren die drei Hauptvölker, welche in der Vermischung 11 Rassen zeugten. Dann kam die Zerstörung. Ich erzähle dieses später. Dann zerbrach der Kontinent. Es zerbrach die Pyramide von Poseidonis. Es zerbrach der Obelisk. Die Landmasse riß in großer Urgewalt auseinander. Die überlebenden Atlanter errichteten die Kuppelstätte, damit sie auf der zerrissenen Landmasse überleben konnten. Da die große Pyramide nun nicht mehr da war, gab es keine sphärischen Atlanter mehr. Gaia hatte sich vollkommen verändert, sie hatte sich transformiert. Erkennt und begreift.

Verstanden?

Einigermaßen. Wir wissen nichts über Rhubinihus.

Rhubinihus ist eine Sternenrasse, welche in sehr filigranen Körpern auf diesem Bewußtsein Gaia existierte. Es ist die Mutterrasse der Elfen und der Feen. Sie sind ein wundervolles Bewußtsein aus dem Inneren von Aldebaran. Die Wesenheiten waren wie filigrane Libellen oder Schmetterlinge.

Elyah möchte weiterlehren!

Die fünfte Dimension schickte ihre Wellen zu Gaia. Große Freude breitete sich auf dem großen Kontinent aus. Alle wußten, daß nun die Zeit der Verschmelzung mit Madokh gekommen schien. Sie wußten um das heilende einende Tönen der dritten Platte. Es war eine große Freude. Sie liefen eilig zusammen und bereiteten sich auf den großen Seinsmoment vor. Atlantische Forscher versuchten, die verschiedenen Rassen zu verbinden. Denn nun tropfte Grobstofflichkeit auf die Atmosphäre von Gaia und so begannen die Versuche im Zentralpunkt von Atlantis. Aus den Strängen des Bewußtseins der Materie der 3 großen

Stämme wurde versucht, neue Materie zu erschaffen. Jedoch ein Blitz erhellte den Himmel, greller als die Strahlen der Sonne, greller als das Leuchten der Sonnen Orh und Ghon. Die Entladung der dritten Platte traf den Obelisken, traf das Experiment der Erschaffung des kosmischen Menschen. Der Mensch war geboren und der erste Schrei ertönte aus der Tiefe der Materie. Alle Wesenheiten erkannten die Manipulation, erkannten den Schmerz. Der Obelisk zerbrach. Die Atlanter starben, genauer formuliert: sie lösten ihr Sein auf. Rhubinihus wechselte die Ebene durch die Kraft der großen Freisetzung dieses Blitzes. Die Atmosphäre brach zusammen. Poseidonis zerstörte sich. Der Himmel verdunkelte sich. Die Siegel verschmolzen mit dem Schrei hinein in den Mensch. Seither betretet ihr diesen Planeten mit einem Schrei. Der Schrei des Leben ist ein Schrei der Verzweiflung über die Verkürzung des Lebens in eurem Sternencode, denn von nun an hatte der Mensch nur noch eine Doppelhelix. Das war der Beginn des menschlichen Seins, es hätte doch der Beginn des heilenden kosmischen Seins sein sollen! Versteht und begreift.

Die Landmasse driftete auseinander. Die Urgewalten des Feuers erhoben sich und das Wasser heilte. Landmassen versanken und erhoben sich neu. Der Schmerz des Frevels wurde abgespült. Madokh legte seinen Schatten auf Gaia. Der Mensch und eure Evolution, wie ihr sie kennt, war entstanden. Eine Wesenheit namens Noah erschuf ein Energiekonstrukt, genannt die Arche, um die alten Stämme zu vereinigen. So überdauerten die Überlebenden die große Flut und nun konnte die Menschheit eine neue Chance bekommen, das zwölfte Haus, den kosmischen Menschen neu zu erschaffen. Erkennt und begreift.

Das war eine weise Idee Noahs. Ein Symbol des Jubels und der Hoffnung entstand im Himmel. Eine Verbindung, die euch immer wieder erinnert, daß ihr nicht allein seid in den Weiten der Sterne, daß ihr wiedergeboren werdet, um den Frevel zu heilen. Wenn diese Heilung erschaffen ist, werden die 12 Siegel wieder in der Atmosphäre strahlen, und der kosmische Mensch ist geboren. Erkennt und begreift. Das Symbol ist der Regenbogen. Mit diesem Regenbogen entsteht die Weisse Bruderschaft, um die Menschheit auf ihrem Weg zur Geburt des kosmischen Menschen zu führen und zu leiten.

Der kosmische Blitz ist nach wie vor in eurer DNS enthalten, und der Blitz hält die 12 Siegelungen fest. Er verhindert so die Ausweitung hinein in das Bewußtsein des kosmischen Menschen. Die Energie muß weitergegeben werden durch die Entsiegelung. Dadurch leitet ihr den Blitz in die Weite des Kosmos. Somit kann die Energie der Manipulation Gaia nicht mehr zerstören und nichts wird mehr zerstört in den Weiten des Alls. Der Blitz ist dann verendet und transformiert. Er hat sich ausgetobt.

Das bedeutet, der Blitz ist auch in uns hineingefahren?

Das ist die Berufung des zwölften Hauses. Das zwölfte Haus ist der kosmische Mensch, der die dritte Platte wieder anschlägt. So habe ich euch nun Gaia und die Entstehung der menschlichen Rasse erklärt. Die Geschichte des Ursprungs und das Sternenwissen. Verbindet dieses Wissen mit dem menschlichen Wissen. Das ist das Ende des zweiten Kapitels.

Es ist nun wichtig, das Gehörte zu verarbeiten und eure Lebensmitte zu beruhigen. Später beantworte ich eure Fragen.

Unsere Systeme brauchen auch Nahrung.

Assimiliert Nahrung in Freude.

Danke Elyah.

FRAGEN AN ELYAH ZUM ZWEITEN KAPITEL

Ich grüße dich Elyah.

Da sind wir. Wir sind gekommen, um Fragen zu beantworten in dem linearen Spiel von Fragen und Antworten. Das ist ein schönes Spiel!

Dankeschön Elyah!

Ich meine verstanden zu haben, daß Manipulation zwei braucht, zwei und nicht einen. *Denn, wenn es einer alleine gewesen wäre auf dem lichten Madokh, hätte er das Geheimnis der Manipulation des Nichtanklingens der dritten Platte nicht erkannt? Haben wir das richtig verstanden?*

Die beiden Schüler sind in der Ausführung richtig gewesen. Bitte begreife, zwei lösen sich aus einem Sein. Sie bilden Trennung, indem sie sich separieren. Trennung ist die Wurzel der Manipulation. Diese manipulative Kraft führte zum Nichtanklingen der dritten Platte. Diese Frage ist wichtig, denn sie erklärt euch auch die Trennung des Menschen von seinem Sein durch seinen Schild.

Ja, ich verstehe.

Jedwede Trennung beinhaltet Manipulation. Ich erfahre meine Begrenzung durch Manipulation, indem ich andere Schilde in Positionen lenke, die meinem Schild Freude machen.

Die Segens-Siegel verbanden sich mit den reflektorischen Strahlen von Luna, also unserem Mond. ***Kannst du diese „reflektorischen Strahlen von Luna" etwas genauer definieren, bitte?***

Dabei handelt es sich um Sonnenstrahlen, welche auf der Oberfläche von Luna den Staub, den Sand und die kristallinen Formen bündeln.

Sie wurden sodann großflächig in die Hohlschalen der Siegel ausgeschüttet. Auf den Sonnenstrahlen lag das codierte Wissen der Sternenwesen für Gaia. Dieses Wissen wurde über den Fokus des Mondes für die Materie, für Gaia, vorbereitet und so strahlte die aufbereitete und entschlüsselte Botschaft in die Schale der Siegel hinein. Von den Siegeln aus wurden sodann diese Energien in alle Seinsformen der Materie hineintransformiert und es entstand Lebensfreude.

Danke.

Dann sprachst du von den 4 Säulen von Gaia. Haben wir richtig verstanden, daß es sich hierbei um die 4 Elemente handelt?

Richtig, das hast du gut erkannt. Erkenne, 4 Säulen bilden die Quadraturen. Sie bilden ein Energiefeld aus 2 Triangulationen. Dadurch entsteht der gleiche Aufbau wie der Grundaufbau des Sternensystems Herkules. Erkenne, dorthin geht die Entwicklung.

Heißt das, dorthin, nach Herkules geht die Entwicklung?

Erinnere dich, was ich euch lehrte. Orion wird durch die große Merkabah des Bewußtseins Nefu hindurchgehen und wird diese Form durchdringen. Nefu ist ein belebter Planet im Sternbild Herkules, der die Energie der Dualität bereits zu Anbeginn den Geschwistern Cassiopeia und Orion zur Verfügung stellte. Nefu ist wie Gaia und er wird sich wandeln, wenn Gaia das dreizehnte Sternentor Herkules durchdringt. Dort ist der Platz der neuen Shekinah. Dort entsteht das neue Universum. Erinnere dich. Ich mache eine Zeichnung auf der Ellipse. *(Die Ellipse ist unser ellipsenförmiger Glastisch, auf dem Elyah immer malt.)*

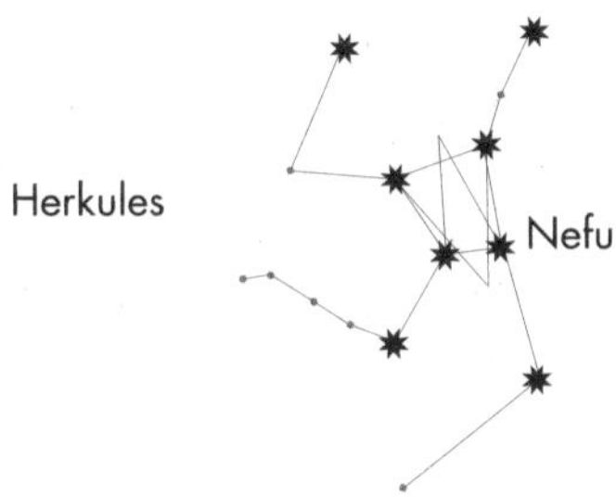

Das habe ich verstanden.

Du sprichst von 11 Rassen, die Gaia besiedelten. *11 Sternenrassen, nehme ich an. Ist es wichtig für uns zu wissen, welche 11 Rassen das sind?*

Im Sinne der Gaia haben Häuser und Rassen die gleiche Bedeutung. Es gab drei Grundrassen: Rhubinihus, Atlantis, Lemuria. Diese drei Häuser verbanden sich, sie verschmolzen und dadurch entstanden Mischrassen, andere Formen des Ausdrucks. Es entstanden die 5 Rassen der Obererde, sie unterscheiden sich durch die Farben ihrer Haut. Hier ist die Hautfarbe das Symbol für die Rasse. Ebenso entstanden die 6 Rassen der Hohlerde, der Innerwelt; sie symbolisieren sich durch die Form ihres – wie ihr es nennt – dritten Auges. Es gilt, die unterschiedlichen Symbole zu erkennen.

Ich gebe euch ein Beispiel: das Hohlweltwissen drang aus dem Tor von Glastonbury empor an die Obererde zu den Frauen der weißen Rasse. Es entstand eine Signatur, in Form von Farbe auf der Stirn, es war ein blauer Halbmond, der ein Volk der Innererde symbolisierte, das Volk des blauen Halbmondes. Die Priesterinnen von Avalon übernahmen dieses Symbol, um ihre Verbindung zu den Kindern der Innererde zu beschreiben. Verstehe.

Deshalb nennen wir die Kinder der Innererde das Blaue Volk?

Das ist eine verkürzte Definition und erfaßt nicht die gesamte Fülle des Seins. Das „Volk des blauen Halbmondes" wäre die richtige Bezeichnung an dieser Stelle.

Das Haus Rhubinihus gehört oder kommt aus dem Hause Rhuben auf Cassiopeia?

Das ist richtig so.

Das Haus Atlantis kommt aus welchem Haus von Cassiopeia?

Das Haus Atlantis kommt aus dem Hause Nexh.

Das Haus Lemuria?

Und das Haus Lemuria kommt aus dem Hause Dorh.

Okay. Wunderbar.

Dann sprichst du von Nedonh, einem Stern, einem Planeten. Ist es wichtig für uns zu wissen, wo er liegt und könntest du uns dabei

dann sagen, denn es gibt viele Geschichten über Yetis auf der Erde, ob es jetzt noch Yetis und Iteys auf unserer Erde gibt?

Ja. Sie gibt es. Sie bewohnen die abgelegenen Gebiete des Daches der Welt, welches ihr Himalaja nennt. Sie sind ein sehr gütiges Volk, sie sind sehr liebevoll, und sie unterrichten durch ihre Botschaften eine große Wesenheit, die ihr Dalai Lama nennt.

Wo Nedonh liegt, ist nicht wichtig für uns?

Nedonh ist der größte Planet der Sonne Regulus und befindet sich im Sternbild Löwen.

Dann sprachst du davon, daß du heute Nacht meine Wirbel auf die Siegel ausgerichtet hast. Ich habe gemerkt, daß du mit meiner Wirbelsäule etwas gemacht hast. Ich habe immer von den 12 Häusern geträumt. Ist diese Ausrichtung gelungen und was bedeutet das jetzt für mich und meine Wirbelsäule. Einer meiner Halswirbel fühlt sich an, als sei er herausgesprungen?

Deine Materie läßt sich nicht so leicht verbiegen. Du hättest jetzt eine andere Form, wenn es mir gelungen wäre. Sei nicht böse, daß es mir nicht gelang. Du würdest nun aussehen wie ein „Z", ein Buchstabe aus dem Alphabet, wenn es mir gelungen wäre. Diese Form wäre eine Form, welche sich verbindend in die 12 Formen der Siegel legt. Das „Z" ist eine Energieform, welche wichtig ist zum Erkennen der 12 Siegel.

Gut, das lassen wir jetzt einfach mal so stehen. An dieser Stelle möchte ich mich bedanken, daß es nicht gelungen ist, weil als ein „Z" in unserer Welt hier herumzulaufen ist, glaube ich, nicht ganz einfach. Es ist mir klar, daß das Beschränkung ist, aber dennoch?

Auch diese Zeit wird kommen, wo du als „Z" sehr glücklich bist.

Gut.

Dann sagtest du, du hast uns von der Hohlwelt und der Dunkelheit erzählt, die nach dem Zusammenbruch dort stattfand, und daß wir das als Hölle bezeichnen?

Das ist richtig, erkennt die Größe der Pyramide von Poseidonis! Viele, viele Völker versammelten sich unter ihr. Unterhalb des Urkontinentes gab es die Hohlwelt, die Spiegelung von Poseidonis. Im Inneren wurde diese große Welt durch einen Obelisken erleuchtet, der in Verbindung mit dem Obelisken der Oberwelt stand. Erkennt, begreift, denn dieses Wissen ist wichtig für euch. Denn bei der Zerstörung kam Dunkelheit in die untere Welt, in die Hohlwelt, hinein. So kamen Bewohner der Hohlwelt nach oben und unterrichteten euch erneut im Gebrauch eurer Seherfähigkeit. Denn sie hatten sich an diese Dunkelheit gewöhnt, sie sahen mit ihren dritten Augen. Erkennt.

Es ist wichtig für uns zu wissen, was für Wesenheiten es waren, die uns gelehrt haben, wieder richtig zu sehen, also mit dem dritten Auge?

Das Volk des blauen Halbmondes.

Ich habe noch eine Frage zu dem Begriff HÖLLE. Du hast davon gesprochen, daß die Hohlwelt das sei, was unsere Philosophen als Hölle bezeichnen. Ich, bzw. wir, haben Hölle auch immer definiert als jenen Teil von uns, in dem kein Licht ist, der durch die Schilde dazu gemacht wird?

Nein, ihr seid Licht. Kein Teil der Dunkelheit ist in euch. Ihr erschafft Dunkelheit durch die Lenkung von Christuskraft, doch das ist wichtig im fünften Kapitel dieses Buches.

Okay.

Es ist wichtig für unsere Leser, eine Definition der fünften Dimension zu hören.

Sehr gerne. Lieber Leser, der du das jetzt liest. Öffne dich, ich übertrage dir die Schwingung. Ich segne die Wesenheiten der Bäume mit meiner Schwingung, die zu Papier werden für dieses Buch. Die fünfte Dimension ist die Dimension der Durchdringung. Sie ist die Dimension des Einen Fließens, des liebevollen Aufnehmens ohne Grenze und ohne Widerstand. Sie vereinigt erneut die Oberwelt und die Unterwelt. Begreife, die Oberwelt und die Unterwelt ist in dir, du bist ein Mensch des zwölften Hauses. Du, Mensch, bist eine liebevolle Vermischung. Ebenso ist die fünfte Dimension eine liebevolle Vermischung. Fünf-Dimensionalität ist Tanz und Freude am Sein. Die Freude an der Vermischung! Und nicht mehr die Freude an der Einsamkeit des Individuums. Es ist die Freude am gemeinsamen Sein, am kollektiven Sein. Die fünfte Dimension ist die Freude am Entdecken und Durchdringen.

Dankeschön.

Du sprachst davon, daß Tobith die Kraft zielgerichtet auf Regulus lenkte und dann sprachst du vom achten Haus. Heißt das, daß Regulus zum achten Haus gehört? Und welches ist das achte Haus?

Diese Frage ist wichtig. Regulus wird durch die Kraft des achten Hauses gelenkt. Regulus wurde von der Energie des achten Hauses assimiliert. Das achte Haus ist das Haus Kir. Das achte Haus entwikkelte die Kraftlenkung auf Regulus zur Einheit. Erkenne.

Wenn ich dich richtig verstehe, bedeutet dies, daß das achte Haus später nach AN ging? Denn du sagtest einmal, Kir ist die Urmutter von Ashtar, von AN und von der Raumbruderschaft?

Das ist richtig, der Weg führte dorthin. Die fünfdimensionale Kraft aus dem Gebiet von Regulus fließt über AN und erschafft Einheit, die von dort ausgesandt wird.

Bedeutet das, daß die Ebene, die wir Raumbruderschaft nennen, fünfdimensionale Energien, fünfdimensionale Wesenheiten sind?

Das ist richtig.

Weil wir doch oft denken, das ist die sechste oder siebte Dimension.

Irrtum.

Aha, das heißt Rama, Ashtar, Athena, Galadria, etc. sind alle fünfdimensionale Wesen?

Sind ein Wesen.

Gut, das müssen wir jetzt erst mal verarbeiten!

Der zentrale Mittelpunkt des einen Kontinents war Jerusalem. Ist das der Grund, warum es jetzt in unserer Welt immer noch soviel Ärger zwischen den Völkern um die Stadt Jerusalem gibt? *Und ist das der Grund, warum Enock nach Jerusalem kam?*

Wichtige Frage. Sehr schön formuliert. Ich übe eure Sprache. Schaut nach Jerusalem und ihr erkennt die Zeichen der Zeit. Denn das Wissen des großen Obelisken ankert nun im Erdreich um Jerusalem und dort fließen die Kräfte zum kosmischen Sein auf Gaia zusammen. Deshalb erkennt ihr dort sofort die Veränderung. Jerusalem ist ein Zankapfel geworden. Viele Völker kämpfen um Jerusalem. Das ist die Kraft der fehlgeleiteten Siegel in eurer DNS, sie erschuf dieses Konstrukt des Kampfes. Doch Jerusalem ist für euch der Spiegel in die Sterne. Wie innen so außen! Erkennt.

Und aus diesem Grund kam Enock auf seiner Wanderschaft in dieses Land, in diese Region?

Das ist richtig.

Auf Yukatan werden die 12 Siegel am 21. Juni des Jahres 2001 auf der Mondpyramide in Uxmal zusammen geführt. Kannst du mir das genauer erklären, werden sie von dort aus an unserem Himmel plaziert werden?

Das ist richtig. Die Siegel werden euch verlassen und werden an die Punkte des Firmaments geheftet werden. Eine große Energie wird freigesetzt und das energetische Konstrukt von Poseidonis wird errichtet. Dieses Konstrukt erhellt die Hohlwelt. Und dieses Konstrukt nimmt Gaia in die neue Umlaufbahn, auf der sie wieder durch die „Dimensionen" schwingen wird. Sternenwissen und Sternenenergien können dann wieder Raum nehmen auf Gaia.

Was ist dann aber mit dem ersten Siegel? Wir dachten, es auf dem Feldberg gelöst zu haben? Haben wir das quasi nur angelöst?

Es ist gelöst, doch es befindet sich in einer Zwischenebene und wartet. Jede der einzelnen Siegellösungen von nun bis 2001 ist wichtig. Die Siegel werden gelöst, doch sie verlassen eure Systeme nicht. Es ist, als würden die 12 Perlen einer Kette, Perle für Perle transformiert. Erst sind alle Perlen weiß, dann schwarz. Am Feldberg wurde die erste Perle schwarz. Bei jeder Lösung transformiert sich eine Perle, bis die ganze Kette schwarz ist. Am 21. Juni 2001 wird diese transformierte Perlenkette eure Systeme verlassen, und es wird bis zum Jahre 2012 dauern, bis der Segen wieder an eurem Himmel positioniert ist.

Dann noch mal zu den Strängen, aus denen das Bewußtsein der Menschheit gebaut wurde:

Du hast gesagt, die Materie des Menschseins wurde aus den 3 grossen Rassen erschaffen: Lemuria, Atlantis, Rhubinihus. Das sind drei!

Wir Menschen hier und jetzt haben eine Doppelhelix, das sind, wenn ich richtig denke, zwei Stränge. Wo ist das dritte Teil?

Eine interessante Frage. Erlaube mir, daß ich erkläre. Befreit die Ellipse.

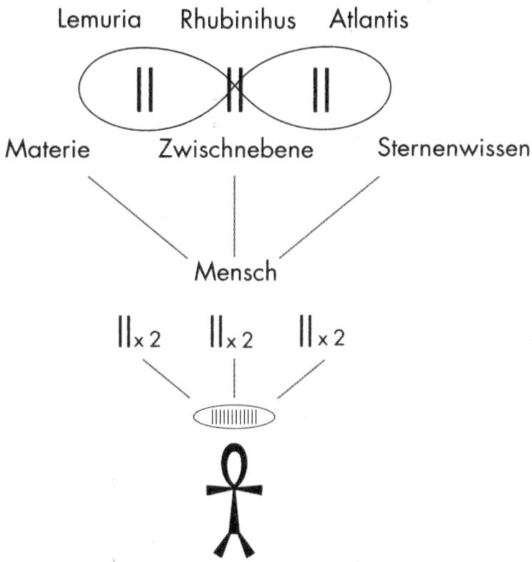

Die drei Völker waren: Lemuria, Rhubinihus und Atlantis. Die beiden Völker von Atlantis und Lemuria waren in einer Form der Materie auf dem Urkontinent. Die Wesenheiten von Rhubinihus hatten sehr filigrane Körper-Bewußtseine und schwammen zwischen den Ebenen der Materie und Feinstofflichkeit.

Aus jedem Volk wurden zwei DNS-Stränge aus dem großen Sein der Materie genommen und ins neue Sein hinein assimiliert und verbunden. Rhubinihus verbindet aus den Zwischenreichen, Atlantis verbindet aus Sternenwissen, Lemuria verbindet aus der Materie. So haben wir drei Energien, die den Menschen bildeten: Materie, Zwischenreiche und Sternenwissen. Erkennt die Einheit.

Die Zeit kam und die fünfte Dimension strahlt von Regulus auf die Erde. Die Wesen von Gaia verbanden sich in großer Form. Im Hause Rhubinihus entsteht der Mensch aus dem Bewußtsein von Lemuria und Rhubinihus und Atlantis. Sie nahmen ihre besten Aspekte aus den Häusern heraus und bildeten die neue Form des kosmischen Menschen. Eine Verdopplung geschieht, und aus den sechs Strängen werden

12 einzelne Stränge. *(Sechs ist die Zahl der Einheit, die Zahl des Menschen.)* Die 12-Strang-Helix ist erschaffen. Oh, das ist die falsche Schwingung für diesen Begriff. Knäuel ist besser. 12-Knäuel-Helix schwingt gut!

Meine Ausführung ist wichtig für euer Verständnis.

Die Lemniskate ist das Symbol der Vereinigung der drei Erdenrassen. Ich habe euch das Symbol der Einheit gegeben. Seht die Vereinigung im Symbol der Einheit.

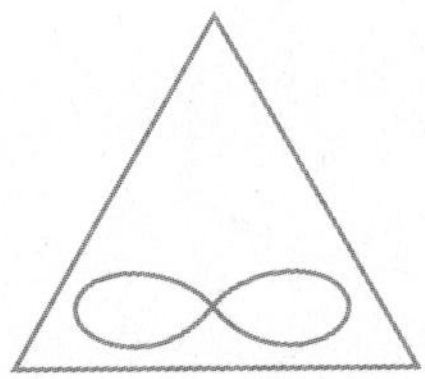

Das Symbol für die Materie und somit für das Haus Lemuria ist der Venusspiegel ♀. Lemurianer hatten schwere Körper, und dieses Symbol ist das Symbol der Schwere im Kosmos. Rhubinihus schwingt zwischen Geist und Materie, das Symbol hat die Form der Veränderung, ein gleichschenkliges Kreuz. Das Haus Atlantis hält das Sternenwissen und sein Symbol ist das Männlichkeitszeichen ♂.

Materie (Venus =♀) wird vereinigt (+) mit den Sternenrassen (Mars = ♂) und so entsteht der Mensch.

Dann traf der große Blitz den Obelisken im Moment der Erschaffung. Das gesamte Konstrukt des 12-Strang-Knäuels wurde zerrissen. Das Gebilde ging auseinander, ihr teiltet euch in Frau und Mann. Das, was EinSein war, wurde zerrissen durch den großen Blitz, durch die Kraft der nicht angeschlagenen dritten Platte. Der Geist verbrannte und mit ihm der Zugang zu den Zwischenebenen, es verbrannte das Sternenwissen, doch Materie blieb übrig. Bitte seid nicht traurig, erkennt, die Siegel in der DNS bildeten neue Körper und erschufen perfekte Kopien. Jetzt ist die Zeit, da die Kopien fertig sind, und ihr braucht die Siegel nicht mehr. Diese Form der Evolution ist abgeschlossen und ihr kreiert euch nun neu! Das ist ein schlauer Plan.

Wir lachten.

Noah erschuf diesen Plan, indem er die Häuser verband und rettete. Ihr konntet in der Materie neu entstehen. Materie ist langsam. Ihr brauchtet die Zeit der Evolution, um hier diese Kopie neu zu bilden.

Ich male euch ein neues Diagramm für die Leser. Es ist eine Freude, euch zu unterrichten. Ihr begreift sehr schnell. Erkennt.

Alle Menschen sehnen sich nach Einheit. Trinität ist eine Einheit. Lemuria, Rhubinihus, Atlantis – sie bilden eine Trinität, den kosmischen Menschen.

Erkennt, in eurer Anrufung sprecht ihr es aus: Im Namen der Mutter, der Tochter und allem, was Leben gebiert. Das ist Einheit! Das Gebären bildet den kosmischen Menschen. Dies ist die Schwingungsphalanx von Lemuria.

Die Sehnsucht nach dem Geist und die Sehnsucht nach Verstehen, die Sehnsucht allen Seins kommt von Rhubinihus in euch.

Spazierengehen, in den Himmel sehen, Sonnenbaden, die Freude am Strand kommt von Lemuria in euch. Das Suchen in den Sternen, die Astrologie, sowie der Versuch, den Lauf der Sonnen in der Begrenzung der Sicht zu erklären, das ist Atlantis in euch. Versteht und erkennt. Ihr seid Dreieinigkeit, ihr seid Vater-Mutter-Gott in euch.

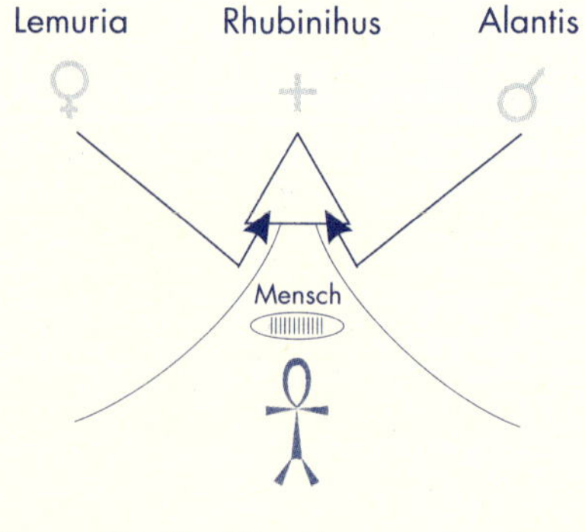

Erkennt und begreift, die Gürtelsterne des Orion sind Lemuria, Rhubinihus und Atlantis. Rhubinihus ist die Kraft von AN. Erkennt, die Chephrenpyramide ist auf AN ausgerichtet. Erkennt die Sehnsucht des Geistes, sich in die Materie hineinzuergießen. Das Wissen der Sterne fließt hinein in die Materie und der kosmische Mensch erhebt sich. Dieser kosmische Mensch schlägt die Steintafel an, und die Einheit ist durch zielgerichtetes Sein, durch Kraftlenkung wiederhergestellt. Das nennt ihr auf der Erde essenitische Kraftlenkung! Die Ausrichtung auf einen Punkt in der Einheit ist die Lemniskate, die Kraft der Einheit.

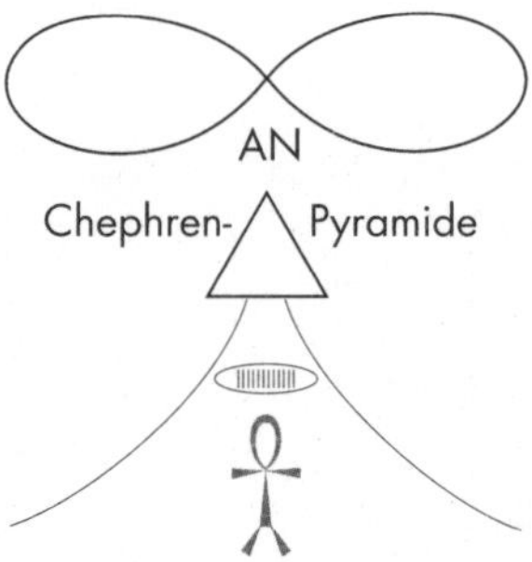

Erkennt. Begreift. Weitblick.

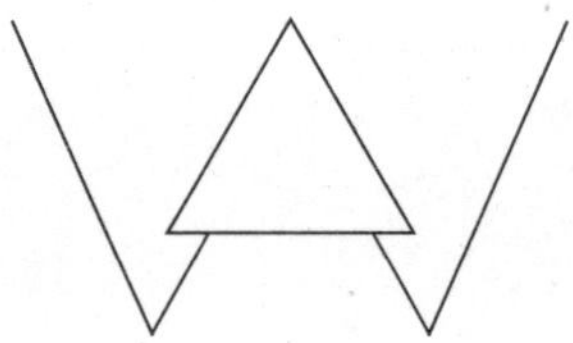

Die Chephrenpyramide ist ein Abbild oder ein Symbol von Shedir?

Nein. Die Chephrenpyramide ist die Einheit der Materie mit dem Geist und dem Sternenwissen. Erkennt, die Pyramide ist ein Transponder für den kosmischen Menschen, um Madokh zu erreichen. Das ist die Prophezeiung. Der kosmische Mensch erschafft Cassiopeia neu. Jahrelang habt ihr das Sternbild Cassiopeia am Himmel gesehen und doch nichts erkannt.

Wenn man nichts gesagt bekommt.

Wenn du dich verbindest und assimilierst und deinen Schild fallen läßt, ist es ganz einfach.

Das ist wohl wahr!

Habt ihr noch Fragen?

Ja, eine noch!

Kannst du uns bitte sagen, wie die Weiße Bruderschaft entstanden ist?

Sie entstand aus den sieben Farben. Farben sind Töne und diese bildeten einen lichten Fokus aus weißem Licht. Alle Farben zusammen ergeben weißes Licht. Viele Seelen verließen das Bewußtsein von Gaia und gaben ihr Wissen in das weiße Licht hinein. Die Weiße Bruderschaft ist der Seelenthron des kosmischen Menschen. Wir könnten auch sagen, das Hohe Selbst einer Menschheit.

Hiermit erkläre ich das zweite Kapitel für beendet.

Vielen Dank Elyah.

III

HARMONISCHE KONVERGENZ, STERNBILDER UND MYTHOLOGIEN

STERNE SIND WIE SCHWINGUNGEN DER GESCHLOSSENEN ROSENKNOSPE. DIE LIEBE DES SEINS KÜẞT DIE KNOSPE UND DIE BLÄTTER ENTROLLEN SICH.

Einige der Rosenblätter wurden zu Schilden und diese Knospen verdorrten. Erkennt: Abgrenzung ist Tod.

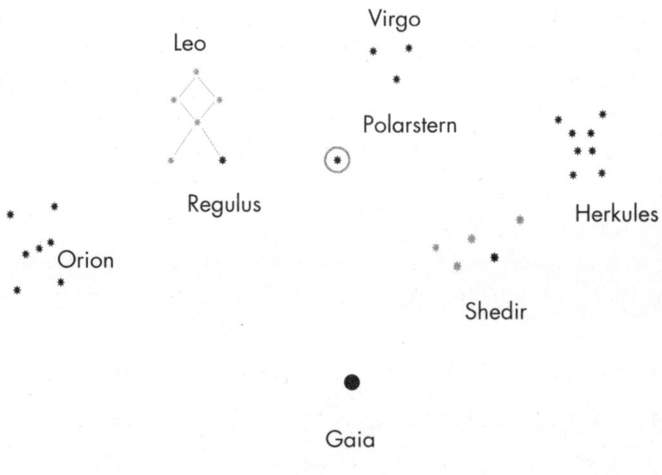

Löwe. Regulus. Polarstern. Virgo. Herkules. Rigel. El. An. Ra. Erkennt und begreift. Cassiopeia.

In der Zeit der Verstummung der dritten Platte, nachdem Madokh seine Umlaufbahn um EL – AN – RA verlassen hatte, kam es zu den kosmischen Verblitzungen. Diese Blitze waren in ihrer Art sehr zerstörerisch und sehr gefürchtet. Viele Sternenvölker, die im Bereich des

Löwen angesiedelt waren, fürchteten sich, dank der Nähe zu Orion, sehr vor diesen Blitzen und es kam dazu, daß sie begannen, aus der energetischen Verstrickung zwischen vier verschiedenen Phalangen, eine Energiephalanx zu bilden. Erkennt, VIER ist die Zahl der Unendlichkeit, der Ewigkeit. Erkennt und begreift.

Der erste Energieblitz traf Cassiopeia. Cassiopeia wurde aus dem Bereich AN getroffen. AN lenkte den Blitz während der Vereinigung in das System hinein im Einverständnis mit Cassiopeia und zerstörte damit den Planeten Shedir, Elyahs Heimatwelt. Die Evakuierung begann. Wir verstreuten uns in das Universum der Dualität hinein und diese Zerstörung war von großer Kraft. Die Sternenvölker erfuhren von dem Bewußtsein dieser Kraft und erschufen aus der Kraft ihre eigene Energie: ein trennendes Bewußtsein des Seins. Sie erschufen ein Bewußtsein von Schutz um ihr eigenes Bewußtsein herum. Blitze schleuderten aus dem Gebiet von Orion in alle Gebiete hinein und so entstand um den Stern, den ihr Polarstern nennt, eine ringförmige Fusion der Energie, bestehend aus einem Produkt das ihr Photon nennt. Erkennt, Photonen sind energiegeladene Teilchen. Sie bilden Ringe um die Sternensysteme und formen dadurch die Erschaffung von Schilden. Schilde dienen der Abwehr jeglicher Verschmelzung. Im Einen Sein ist alles verbunden. So entstanden durch diese Blitze Driften zwischen den einzelnen Sternbildern und sie stoben auseinander und dehnten sich aus. Bruder *(Orion)* entfernte sich von Schwester *(Cassiopeia)* und Bruder *(Herkules)* von Bruder *(Orion)*. Die Zerstörung und die Isolation nahmen Raum.

Nun begreift und erkennt die Worte des Propheten Jesaja: „Eine Rose ist entsprungen aus einer Wurzel. Diese Rose entsprang der Jungfrau." Erkennt das große Sternenwissen in den alten heiligen Schriften. Die Jungfrau, das Sternbild Virgo, verband sich liebend mit Regulus. Sie kreierte eine neue Form des Schutzes, die EinSein ermöglichte. Diese Form des Einen Seins nennt ihr Harmonische Konvergenz, die ein Durchdringen der Sternenebenen von System zu System bedeutet. Erkennt und begreift. Diese Harmonische Konvergenz erreichte Gaia.

Erkennt, die Harmonische Konvergenz ist gleich der kosmischen Konvergenz in Harmonie. Das ist der Ausdruck, der die Schwingung trägt. *(Harmonische Konvergenz: Weltfriedensmeditation 1987)*

Durch die Schwingungsebenen des Verständnisses der kosmischen Konvergenz wurde das Bewußtsein des Blitzes in eurer DNS aktiviert und die Menschheit war bereit, die Botschaft der Siegel anzunehmen. So wird Fluch zum Segen. Der Schrei der Begrenzung des Lebens erweiterte sich in den Ruf nach Freiheit und nach Verschmelzung. Ein Ruf nach Verbindung erscholl.

Die Schilde auf der Erde sind gleich der Schilde in den Sternen. Hier, auf Gaia, ist die Evolution vorangeschritten und erreicht euch. Hier bildet sich die neue Rose, aus der Jungfrau in euer System hineingeboren.

Der Ring aus Photonen wird durch liebevolles Sein assimiliert. Somit wird er nicht mehr benötigt, der Photonenring wird aufgelöst. Die Nachricht der 12 Siegel erreichte die Ebene des Regenbogens, die Ebene der Weißen Bruderschaft und sie geben das Wissen an euch weiter: es sind Siegel, die euch an Evolution hindern.

Elyah kommt aufgrund dieser Möglichkeit zu euch und dankt der kosmischen Konvergenz in Harmonie. Mit dieser Welle können wir, Elyah, eure Erde durchdringen und euch Erkenntnis geben. Erkennt und begreift.

Der stärkste Ring befindet sich um Sirius. (Hm, Elyah erkenne, Bewertung macht die Linearität aus.) Sirius ist befreit, denn es gibt keinen Photonenring mehr um Sirius. Bruder und Schwester können nun in Harmonie zusammenkommen.

Madokh lenkte seine Kraft in die gerade eröffneten Gebiete hinein und versuchte das alte Spiel von Gut und Böse erneut. Doch die Weiße Bruderschaft und die Raumbruderschaft bauten ein energetisches Doppel des Photonenrings um Gaia. Diese Spiegelung ist nicht real, jedoch können wir aus diesem Grund arbeiten und euch erreichen, um euch Hoffnung zu machen. Eure Systeme sind aus Materie, doch ihr seid eine kosmische Rasse und beginnt zu erkennen, daß ihr bald Vollkommenheit sein werdet. So werden Kräfte im Kosmos gelenkt. Hier ist Einheit entstanden.

Sagt den Kindern der Erde: es gibt keinen Zwist mehr zwischen Löwe und Jungfrau, keinen Kampf mehr zwischen Herkules und Orion. Es gibt keinen Kampf mehr. Darum legt eure Schilde nieder! Sie sind nicht mehr nötig. Wie im Großen so im Kleinen. Begreift. Erkennt.

Dadurch, daß die Sternenebenen sich vor den Blitzen schützten, bauten sie aus den Photonen Schilde um sich herum. Schilde des

Schutzes und der Abgrenzung. Durch die Abgrenzung entwickelte sich auf den einzelnen Ebenen ein großes Ego, denn EGO-IST ist Spannung. Der Schild und die darin fließenden Energien erzeugen die Spannung, besser zu sein. Es entsteht Schmerz und Verletzung, darauf folgt Krieg und auf den Krieg folgen die Wut und die Zerstörung! Regulus, Orion und die anderen Sterne haben die Schilde erschaffen und wurden zu „EGO-IST".

Erkennt. Begreift. Doch nun gibt es keinen Krieg mehr im Universum, nur noch hier auf der Erde. Die Kriege der Erde sind eine auslaufende Welle der Blitzenergie von Madokh, die mit dem ersten Weltkrieg ihren Höhepunkt erreicht hatte. Diese Welle wird nun bis zum Jahre 2012 vollkommen verebben. Gaia ist das Bewußtsein der Heilung und nicht das Bewußtsein des Krieges. **Elyahs Botschaft in diesem Kapitel ist: eine Rose sollst du werden, Gaia, duftend und Schönheit verströmend.** Von nun an wird das Universum die Christuspräsenz nicht mehr zur Zerstörung nutzen, sondern zum Aufbau. Christuskraft ist eine Leben bringende Kraft. Jedoch wird sie in euren Systemen durch die Schilde zurückgeworfen und somit entsteht die Zerstörung eurer eigenen Systeme. Mit dem Ablegen der Schilde, des EGO-IST, wird der Christus in Aktion durch euch wirken. Bitte versteht, ihr seid göttlicher Kern, umgeben von einem Schild. Ihr seid nicht euer Schild. Jedoch euer Schild erzeugt die Resonanzen! Ich werde das noch genauer erklären.

Ich erkenne keine Konzentration mehr. Darum unterbreche ich hier die Lehre.

Du könntest uns trotzdem noch erklären, warum Regulus nun keinen Schild mehr hat ? Weil Virgo auf Regulus zugegangen ist?

Ja, und weil somit die Energiephalanx der kosmischen Konvergenz in Harmonie geboren worden ist. So vereinen sich die Ebenen des Bewußtseins hinein in alle Welten und bitte erkennt, daß das Ego, das sich um die Sternenebenen bildete, zerstörte und drohte, alles zu vernichten. Die Energie des Universums ist jedoch Assimilation, Einswerden und Liebendes Verschmelzen. Das ist das Grundprinzip der Shekinah, der weiblichen Gottespräsenz, die alles aufnimmt, um Neues zu gebären, jedoch keine Vernichtung. Wichtig ist für euch, die Verbindung von Virgo und Regulus zu erkennen. Sie erschufen die kosmische Konvergenz in Harmonie. Erkennt, Sternenebenen sind Menschenebenen. Bitte vergeßt dieses Bewußtsein nicht. Wie oben so unten!

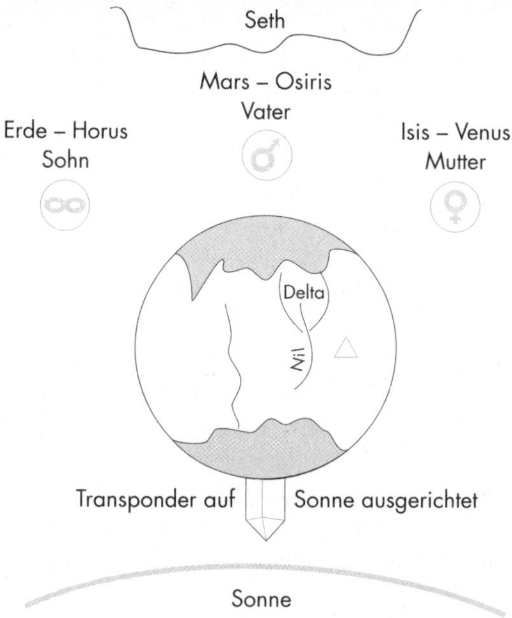

Ihr nennt Mars den roten Planeten, doch dieses Bewußtsein war nicht immer rot. Mars war wie die Erde ein blauer Planet. Venus war ebenso blau! Euer Planetensystem gebar drei blaue Planeten. Erkennt und begreift: Die Erde ist der Sohn oder die Tochter, Mars ist der Vater, und Venus ist die Mutter, die Shekinah. Shekinah hat die Qualität von Materie, Dichte, Schwere. Das Vater-Prinzip ist die Zielrichtung und das Sternenwissen. Die Erde ist die Verbindung aus beidem.

Jetzt ist es wichtig für euch zu begreifen, was mit Mars geschah. Große Flüsse durchzogen dieses Bewußtsein Mars. Es ergoß sich ein großes Delta im Norden und erschuf dort eine fruchtbare Ebene. Diese Ebene war bewohnt, viele Wesen lebten dort. Der Fluß findet seine Entsprechung auf der Erde, ihr nennt den Strom hier Nil. Die Pyramiden der Lichtkrieger befanden sich in diesem Gebiet. Es waren große Bauten.

Ein großer Transponder von Mars war an seinem Südpol auf die Sonne ausgerichtet. Die Sonne ist ein Energietransmitter für die Energien kosmischen Bewußtseins, die ihr Engel nennt. Die Sonne strahlt Engelenergien in den Transponder. Diese Energie fließt in dieses

Gebiet hinein und es wird mit großer Kraft, mit Mut und Durchfluß beleuchtet. Diese Energie nennt ihr Michael.

Die Wesenheiten von Mars lebten am Fluß und wurden von der Strahlung Michaels geschult, die, eingespeist in die Pyramiden, das ganze Gebiet erhellt. Es entstand eine üppige Vegetation, Leben, Fülle und Sein in vielen Formen. Erkennt. Begreift.

Auf Venus gibt es Wesen von großer Kraft, Kumaras genannt. Sie strahlten in die Pyramide der Lichtkrieger hinein und eine Verbindung wurde geschaffen. Die Zielgerichtetheit der marsianischen Energie in Verbindung mit der Michaelskraft und der Kraft der Kumaras, führte zur Weitergabe des kosmischen Seins in die Erde. Und es wurde eine Verbindung zu Wesen geschaffen, die dort leben. Es entstand Vermischung, Verbindung und Einssein mit Michael.

In den Pyramiden erfolgte Schulung und Lehre aus dem Reich der Wesenheiten der Sterne. Und so wurde die Erde genährt, denn Macht verbunden mit Liebe erzeugt Mut, und das ist der Fokus von Mars. Diese Kraft fließt zur Erde, denn die Erde ist ein junges Kind, das viel Nahrung braucht. Mars und Venus versorgten die Erde. Die Krieger des Lichtes, wie ihr sie nennt, entstehen dort an diesem Punkt. Die große Pyramide war eine große Schule der Weisheit, die liebendes Sein zur Erde transportierte. Du kannst sagen wie eine Plazenta, die ihre Energie an den Fötus des Einen Seins weitergibt.

Dieses Wissen ist im Grab des Meneres, im Tal der Könige in Ägypten gespeichert. Erkennt die tiefere Bedeutung der alten Geschichte: Isis weinte und erschuf Osiris aus Nilschlamm neu. Mit seinem Penis, der ein Transponder war, zeugte sie Horus, das göttliche Kind, den Falken am Himmel. Die Erde, das göttliche Kind, ist am Himmel von Mars zu sehen. Erkennt, die Mythologie ist die Geschichte des Einsseins, nicht der Trennung. Horus entspricht der Erde, die viel Energie brauchte, um das Sternenwissen zu verbinden. Atlantis nahm diese Energie auf und speiste sie in eure DNS ein.

Die Lebenskraft der zielgerichteten Einheit wurde unterbrochen, denn es mißfiel Orion, wie das göttliche Kind Erde wuchs. Seth, der Bruder des Osiris, unterbricht die nährende Zufuhr der elterlichen Liebe durch die Zerstörung des Vaters. Die Schilde werden aufgerichtet, um die Zerstörung abzuwehren. Die Information der Schilde fließt über die Plazenta in den Planeten der Heilung. Erkennt. Begreift. Der

Ego-Ist entsteht durch die große Welle aus den Weiten Orions, die wie eine große Nebelwand, wie ein Schatten der Bedrohung ist. Die Energie Madokhs, die Energie der schwarzen Herren überschattete und zerstörte den Vater, Mars, und seine Wesenheiten flohen in das Innere ihres Planeten. Die Nebelwelle hatte das Schwingungsfeld des Planeten demontiert und die Atmosphäre wurde abgesaugt. Die Innenwelt war davon unbehelligt, denn sie gewannen Sauerstoff aus den inneren Meeren. Doch mit der Zeit entstand zuviel Kohlenmonoxid und die Luft zum Atmen wurde vergiftet.

Nun bildeten die Lichtkrieger Energieblockaden aus, denn sie wollten sich vor dem Ersticken schützen. In der Agonie, im Angesicht der Ausrottung erschufen diejenigen, die ihr Lichtkrieger nennt, den Schutz, die Schilde und gaben diese Information an die Erde weiter. Das Kind Horus sollte einen Schutz gegen die Manipulation erhalten. So kam die Energie des Konfliktes in Form des Schildes auf die Erde. Das Bedürfnis nach Sicherheit ist Schild, es trennt euch ab und zerstört das Prinzip der Einheit in euch.

Mars hatte einen Botenstoff in das Sonnensystem ausgesandt, einen Botenstoff für zielgerichtete Kraft in Liebe, in der Bereitschaft grenzenlos zu durchdringen, zu assimilieren. Dieser Botenstoff heißt **H.I.V.**, das bedeutet **Hiersein in Vollmacht**. Seht, die Krankheit wurde euch zur Erweiterung gegeben, nicht zur Vernichtung! Versteht und begreift, Elyah verurteilt oder beurteilt hier in keinster Weise jene eurer Geschwister, die unter dieser für euch ernstzunehmenden Krankheit leiden. Elyah versucht, den Ursprung von HIV energetisch darzustellen. Es ist wichtig, dieses zu erkennen und Elyah segnet jetzt alle Menschen mit HIV, die sie sehr lieb hat.

Durch das Bedürfnis, einen Schutz zu erschaffen, erzeugt sich Angst. Angst läßt eure Systeme auf einer elliptischen Bahn schwingen, auf der ihr nicht in Verbindung, nicht in Einheit treten könnt. Löst euch von der Energie elliptischer Bahnen!

Das läßt uns wieder erkennen, wie wichtig es ist, das Ego zu läutern!

Das Ego läutern ist wie das Polieren des Schildes, alle diese Methoden, wie z.B. Muster auflösen oder Rückführungen etc., machen eure Schilde schön. Es geht darum, die Schilde abzulegen und euer Göttliches Sein zu erkennen. Das ist wichtig für eure Partnerschaften, denn hier begegnet ein Schild einem anderen Schild. Und in einer solchen Begegnung kann kein Eines Sein entstehen, denn die Schilde prallen aufeinander. Das Menschlichsein ist einsam unter dem Schild, doch habt ihr sehr viel Angst vor Verschmelzung. Ihre Individualität zu verlieren, ist die große Angst der Menschheit. Der kosmische Plan ist jedoch Verschmelzung und Assimilation. Erkenne. Begreife.

Mars wurde zerstört, indem die Atmosphäre implodierte. Sie schleuderte in sich zusammen, strömte aus, das Wasser kristallisierte und errichtete die Polkappen. Eis, kaltes Wasser, ist starr und fließt nicht. Die Vegetation erfror. Die Erde wurde rot, weil der Planet stark eisenhaltig ist.

Wir, Elyah, führen euch nun in ein holistisches Denken, denn wir finden es schwierig, uns hier in eurer dritten Dimension linear auszudrücken.

Blau ist die Qualität von Geist und Sterne;
Rot ist die Qualität von Materie.
Beide Farben vermischen sich zu Magenta.

Erkennt ihr die Verbindung mit dem essenitischen Bewußtsein in dem, was ich euch lehre, erkennt ihr die Verbindung zur Philosophie eurer Kulturen? Die alten Propheten hatten dieses Bewußtsein, erkennt die Prophezeiungen und Mythologien des Christentums. Wenn Jesus in den Wolken erscheint, wird er seinen Fuß auf den Ölberg setzen, und die Erde wird erzittern. Das weist auf die Wiederkunft Jesu – des erstgeborenen, des kosmischen Menschen hin. Erkennt, begreift, der Obelisk errichtet sich neu und die Erde erzittert. Er wächst empor aus der Erde. Das ist die Erlösung im Sinne der christlichen Mythologie. Meine Botschaft widerspricht dem nicht. Begreift, forscht in den Texten.

Venus und Mars. 5 und 4 ergibt 9. Erkennt. Begreift.

Philosophien sind Schilde. Es bedeutet eine Trennung, ob ihr euch als Christen, Juden oder Moslems definiert. Elyah harmonisiert, verbindet, erklärt die Wahrheiten. Ihr sagt: schau her, welch berühmte Signaturen anderer Schilde ich auf meinem Schild trage. Das stärkt den Schild, nicht dein Sein. Lege diesen Schild ab. Es dient dir nicht.

Verbindet die einzelnen Philosophien, das macht Eins. Erkennt. Begreift. Dieses Verbinden ist Mathematik. Viele Schulen wußten es, doch

Ego hielt sie getrennt. Die Kabbala verbindet sich mit dem Mayawissen. So entsteht große Fülle. Ihr könnt diese Schwingung in den 7 Strahlen sehen. Ein Erdenkind in Dunkelheit konnte das auch sehen. Ihr nanntet sie Vicky Wall, sie verband die Mathematik mit Farben, so entstand Aura-Soma. Weil sie blind war, durchdrang sie die Energiefelder und erschuf Heilung. Vicky durchdrang und erschuf somit Heilung, sie assimilierte, und ich bin gekommen, um euch genau das zu lehren.

An dieser Stelle verabschiedete sich Elyah und wünschte uns eine gute Nacht, in der sie zu unseren Energiefeldern sang, damit wir unsere Schilde, die durch die Siegelung gehalten werden, ausdehnen können. Unsere Schilde können wir erst ablegen, wenn die 12 Siegel unsere DNS verlassen haben, denn so lange wird bei jedem Versuch der Auflösung das zweite Siegel, das Schutzsiegel aktiviert.

Natürlich wollten wir alle am liebsten gleich die Schilde ablegen, aber wir spürten auch, jeder aus der Gruppe in seinem speziellen Gebiet, die Unsicherheit, wie ein Leben ohne Schild möglich wäre. Folgerichtig diskutierten wir darüber am nächsten Morgen, als Elyah plötzlich übernahm:

Zentrierungsübung ist eine Möglichkeit, welche ich noch besprechen werde. Erkennt. Begreift. Spürt. Es geht hier um das Eine Sein, EinSein wird nicht nur in der Lebensmitte geboren, sondern befruchtet sich durch die Kraft des Verstandes. Denkt, ich bin EinSein, wir werden dann EinSein aus der Ebene der Lebensmitte heraus sein. Es ist nicht so schwierig, EinSein zu sein. Der ganze Kosmos ist EinSein. Also seid ihr auch in diesem Einen Sein verbunden. Gut.

Elyah ist heute gekommen, um euch zu unterrichten und Elyah ist gekommen, um Fragen zu Kapitel 3 zu beantworten. Laßt uns nun mit den Fragen beginnen. Seid ganz in der Einheit, so helft ihr diesem Bewußtsein, was ihr Kanal nennt.

Danke Elyah.

FRAGEN AN ELYAH ZUM DRITTEN KAPITEL

Guten Morgen Elyah.

Kannst du uns bitte den Begriff „Energiephalanx" erklären?

Eine Energiephalanx ist eine Welle von stark ionisierten Teilen, welche von allen Materien und allen Lebensformen ausgesandt werden. Materie, selbst unbelebte, sendet eine Energiephalanx aus. Auch wenn es eine Phalanx des *nicht gebräuchlich sein Könnens* ist, eine Phalanx, die nicht assimilierbar ist. Diese Materieteile sind in diesem Universum Abfallprodukte, so würdet ihr dieses nennen, und sind durch den Schatten von Madokh entstanden.

Du hast z.B. gesagt, du konntest den Tisch nicht assimilieren, der vor der Sternenkarte stand?

Richtig, das war einmal eine Lebensform, ein Baum. Der Baum wurde getötet. Aus den Knochen dieses Baumes wurde ein Möbelstück gefertigt. Ein Stück, das jahrelang die Energie des Herstellers gespeichert hatte. Doch nun ist diese Energie vollkommen von diesem Platz und von eurem Sein assimiliert. Nun ist das Holz nutzlos.

Aber Elyah, mit unseren Körpern in der Materie brauchen wir Tische, Stühle, Häuser, etc.?

Deshalb ist es wichtig, daß du das Licht deines Seins wie eine strahlende Sonne mit Liebe, in alles was unbelebt ist, hineingibst, somit erweckst du zum Leben.

Deshalb sind z.B. manche Tische, wie beispielsweise. unser Küchentisch, Kommunikationstreffpunkte?

Euer Küchentisch ist ein großes Lebewesen, das sehr viel Erfahrung, sehr viel Tränen, sehr viel Leidenergie aufgenommen hat. Ich werde nun diese Energiephalanx von eurem Küchentisch nehmen und werde Freude daraus machen.

Vielen Dank Elyah, das freut uns sehr!

Dann sprachst du von den Worten des Propheten Jesaja, die Rose entstammt aus der Jungfrau, könntest du dieses bitte genauer erklären?

Elyah nimmt die Mystik aus diesem Gehirn. Ihr alle seid im christlichen Glauben, in dieser Mystik erzogen. Das ist die Mystik des Einssein der Welt, in der ihr lebt. Also versteht ihr diesen Satz.

Wenn ich dich also richtig verstanden habe, kommt die Rose aus dem Sternbild Jungfrau.

Du hast Verwirrung in deinem Gehirn. Elyah versucht es noch einmal zu erklären. „Es ist eine Rose entsprungen aus einer Jungfrau". Die Jungfrau ist das Sternbild. Die Jungfrau gebar eine Energie, eine Energiephalanx, eine Schwingungswelle, welche sich mit den Photonenringen verband, um den Sternen die Möglichkeit der Assimilation zu geben. Somit konnten die Photonenringe assimiliert und abgebaut werden. Die Einsamkeit war vorbei. Die Schilde sind gefallen, und somit war eine Durchdringung möglich. Erkenne das tiefe Geheimnis in der Botschaft. Wisse, die Eva der christlichen Mythologie war diejenige, die den Photonenring erschuf. Sie erschuf in eurer Mythologie die Sünde, die für die Trennung vom göttlichen Bewußtsein steht. Sie erschuf einen Schild vor dem Angesicht Gottes. Erkenne, eine neue Eva erstrahlt am Himmel. Die Jungfrau. Verstehst du? Die Jungfrau bringt reine Energie in das Universum hinein und assimiliert die Sünde und somit die Trennung, den Photonenring. Sie assimiliert, sie nimmt die Trennung in sich auf und strahlt Freude und Einigkeit ab. Erkenne die Wichtigkeit der Botschaft des christlichen Glaubens. Nur muß es euch aufbereitet werden.

Ja, das stimmt. D.h., die Rose ist das Sinnbild für die Energiephalanx?

Das ist richtig. Ich nehme dieses Bild der Rose, denn es macht euch Freude. Ihr schenkt Rosen und ihr schenkt Rosen als Symbol der Liebe. Rosen schenkt ihr als Verzeihungssymbol. Diese Blume ist wichtig, denn sie hat aus dem morphogenetischen Feld große Energie bekommen. Die Rose heilt. Erkennt! Die Welt sollte voller Rosen sein.

Erkläre uns bitte noch das Wort „Konvergenz"?

Konvergenz bedeutet im kosmischen Sinne Vereinigung, Einswerden, Konvergenz bedeutet Verschmelzung. Es ist wichtig, Konvergenz aus der Lebensmitte heraus zu leben, anstatt zu trennen und sich zu distanzieren. Das Heilsein liegt im Vereinigen. Das ist ein sehr wichtiges Prinzip in diesem Universum. Vereinigung ist Frucht der Christuspräsenz. Die Christuspräsenz will vereinigen, will einsmachen, will erschaffen und neu kreieren. Christuspräsenz ist die zielgerichtete Absicht des Lebens, der Lebensenergie, die Neues erschafft. Christuspräsenz ist die Verbindung von Neugierde und Lust auf Erweiterung und Christuspräsenz ist durchdrungen von Liebe. Lieben ist Leben! Das ist ein wichtiges Prinzip im Universum. Dieses Universum ist ein Konstrukt der Christuspräsenz, des liebenden Verwaltens der Ressourcen, welche das große Chaos der Shekinah *(Mutter-Gott-Prinzip)* in die zielgerichtete Absicht durch die Kraft des El Shaddai *(Vater-Gott-Prinzip)* gibt. So entsteht Christuspräsenz. Christuspräsenz ist überall.

Danke. Was bedeutet es, daß die Konvergenz den Blitz in uns aufgenommen hat und so aus Fluch Segen geworden ist?

Die Evolution des menschlichen Bewußtsein ist ein wichtiger Schritt, dazu komme ich noch in Kapitel 4. Bitte erkennt und begreift, durch die Kette der Zeit, die ihr in der Getrenntheit lebtet, hatte die Christuspräsenz die Möglichkeit, in euch diese Form von Zerstörung und Tod in die Form des Segens zu wandeln. Diese Kraft benötigt ihr, um die 12 Siegel wieder in eure Atmosphäre zu bringen. Kraft eurer Evolution habt ihr die Ladung des Blitzes verändert, das spricht für die Stärke eurer Christuspräsenz.

Dankeschön.

Wenn ich dich richtig verstanden habe, hast du in Bezug auf Sirius gesagt, daß der stärkste Ring die Bewertung ist?

Ja. Das ist richtig. Der stärkste Ring ist die Bewertung. Bewertung ist Abgrenzung. Bewertung ist Ausgrenzung. Ich mache euch ein Beispiel:

Du oder du bist schlechter als ich. Ich bin besser. Diese und ähnliche Ausgrenzungen errichten dicke Schilde. Diese Menschen werden von euch verehrt. Seht euch Menschen an, die große Bekanntheit haben, seht euch Könige oder Politiker an, sie haben große Schilde und ihr fallt vor der Schönheit dieser Schilde nieder. Es gibt auch Schilde, die nur aus Papier mit Zahlen darauf bestehen, ihr nennt es Geld. Dieser Schild hat große Macht und ihr nehmt diese Papierschilde und versteckt eure Schönheit dahinter. Ihr zeigt nur die Schönheit der Schilde, nicht eure eigene. Erkennt und begreift.

Das haben wir, glaube ich, alle gut verstanden.

Du hast uns gelehrt, Sirius sei befreit worden, wir würden gerne wissen, durch was und wann?

Durch die liebevolle Annahme des Bewußtseins Jungfrau an diesen Stern, den Stern Sirius, den ihr auch den Hund nennt. Erkennt, daß dieser Stern wichtig ist, denn vieles, was hier auf Gaia an Pflanzen und Lebewesen gedeiht, kommt von Sirius. Erkennt, eine wunderschöne Siriuspflanze ist die Hortensie. Sie verbindet mit der Energiewelt von Sirius. Sirius war sehr stark geschützt, weil dieser Stern so nah an Orion liegt. Die Jungfrau kam, hat Sirius in den Arm genommen und mit ihrer Energie bestrahlt, das war in dem Jahr, das ihr 1997 nennt, und dadurch entstand die Freiheit für Sirius.

Dankeschön.

Das energetische Doppel des Photonenrings wurde von der Weißen Bruderschaft und von der Raumbruderschaft gebaut, hast du uns gelehrt.

Schlauer Plan.

Wir würden gerne wissen, aus was das gebaut wurde und seit wann das um die Erde herum ist?

Dieser Ring befindet sich um das Bewußtsein von Gaia seit der Zeitebene, die ihr 1914 nennt. Zu diesem Zeitpunkt kam eine große Welle von Zerstörung. Deshalb errichtete die Weiße Bruderschaft sehr schnell diesen Schild. Doch die ersten Ausläufer dieser Welle waren schon dort, und so kam sehr viel Zerstörung auf Gaia.

Wir hatten dann aber auch noch den zweiten Weltkrieg?

Das ist die Ausformung dieser Welle. Die Energie war nun auf Gaia und tobte sich aus. Diese Welle lebte auf Gaia und konnte auch nicht mehr zurück, denn der Schild war geschlossen. Sie mußte sich ausebben, wie eine Welle am Strand, mußte sich auslaufen, verebben. Es dauerte fast 50 Jahre eurer Epoche bis diese Welle ausgelaufen war. Jetzt ist das Zeitalter des Friedens und diese Welle läuft immer noch. Sehr sanft, sehr klein, aber immer wieder schafft sie Zerstörung, doch das ist bald vorüber.

D.h. die Kriege im Kosovo und im Nahen Osten werden aufhören?

Natürlich, sie sind Ausläufer dieser Energiephalanx.

Dann sagtest du, als du uns nebenher etwas lehrtest, Eins werden im Sprühen und Eins werden im Zentrieren wäre eine wichtige Formel für das kosmische Sein?

Das ist die Formel der Linearität für Assimilation – nehmen, geben, weitergeben, ruhig sein in der Mitte, sprühen zu allen Seiten ist Eins.

Wieso hast du in der Zeichnung, die du gestern gefertigt hast, Venus als Shekinah (Muttersonne) bezeichnet? *Weil sie für Materie steht oder bedeutet das, daß Venus einmal eine Shekinah war? Was ja nach unserem Denken nicht sein kann.*

Du bist so schlau. Du weißt soviel. Nimm dein Wissen und mache es holistisch. Dann erkennst du, warum Venus Shekinah ist. Doch ich werde dir helfen. Jedes Sternensystem, jedes Planetensystem ist das genaue Ebenbild der Kräfte von El Shaddai und Shekinah und ist mit der Christuspräsenz beseelt, bepflanzt und so lebt alles. In jedem Planetensystem gibt es einen Fokus, der auf das Zentrum des Universums, auf die Shekinah, ausgerichtet ist. In diesem Planetensystem ist es die Venus. Erkenne die Kraft des kosmischen Dreieckes, wovon ich sprach. Dieses ist die Kraft von El Shaddai. El Shaddai steht für die zielgerichtete Energie, für Kraftlenkung, für Triangulation. Der Ausdruck für diese Kraft in diesem Planetensystem ist Mars. So sind beide Fokusse für Licht und Liebe erreichbar und somit entsteht Christuskraft. In dem Spannungsfeld von El Shaddai, Shekinah und Christuspräsenz entsteht dann ein Planet und noch ein Planet und so weiter. Durch die Christuskraft, die sich ausgedrückt hat, entstand ein großer Planet der Heilung, genannt Gaia.

Kannst du uns erläutern, ob in unserem Sonnensystem alle Engelenergien auf unserer Muttersonne sitzen? *Und ob diese Engelenergie durch das Durchschleusen durch den Transponder von Mars erst zu Michael wird?*

Auf der Sonne kann man nicht sitzen. Die Engel würden sich den Popo verbrennen. Das ist nicht möglich! – Elyah versucht einen Witz.

Dein Witz ist dir gelungen. (Wir mußten alle lachen.)

Euer Lachen ist eine schöne Energie! Eure Aurafelder strahlen und vibrieren. Engelenergien sind große Energieformationen, welche die Christuspräsenz umgeben, die Christuspräsenz halten und unterstützen. Engelenergien sind wundervolle Kräfte. Engelenergien lieben solare Ausdrucksformen, lieben die Sonnen ganz besonders und lieben es, ihre Schwingungsphalangen auf die Strahlen der Sonne zu legen, um somit alle Punkte zu erreichen. Daher habt ihr euch vorgestellt, daß Engel durch die Luft fliegen! Sie fliegen auf Sonnenstrahlen.

Dann verstehe ich aber immer noch nicht so ganz, warum die Engelenergie auf Mars dann Michael ist?

Engelenergien können verschiedene Qualitäten haben. Engelenergie ist eine Energie. Ihr begreift Engel, indem ihr ihre Auswirkungen aufsplittet und sie in die Form der Hierarchie bringt. Die Ursache für dieses Handlungsverstehen ist euer Schild. Denn durch den Schild erkennt ihr nicht, daß es Eins ist. Ihr habt diese Hierarchien erstellt und strukturiert und ihnen Namen gegeben und somit kann ich euch erklären, anhand eurer Linearität, daß die Hierarchie Michael, die Qualität des Einen Seins der Engelkraft, auf Mars Raum genommen hat.

Okay. Das bestätigt das, was Hilarion immer sagt. Hierarchie ist nur in euren Köpfen. Hierarchie funktioniert nur, solange wir uns in einem linearen System bewegen?

Hilarion ist ein kluger und weiser Meister der Weißen Bruderschaft und ein sehr wichtiger Faktor in der Weißen Bruderschaft. Hilarion steht für Heilung und Wissen. Er hat seine große, große Kraft in die Verschmelzung der verschiedenen Hierarchien eurer Philosophie hineingegeben. Er war in Griechenland, er war in Palästina, er hat viel essenitisches Sein mit der griechischen Kultur verschmolzen.

Es schien dir wichtig zu sein, daß wir verstehen, daß in dem Moment, als der Planet Mars, weil er sehr eisenhaltig ist, rot wurde, er auch sehr stark wurde. – *Das habe ich nicht wirklich verstanden.*

Die Christuspräsenz hat sich nach der großen Zerstörung liebevoll des Vaters angenommen. Sie hat ihn ummantelt und hat gesagt: „Ich schütze dich. Nie wieder wird so etwas geschehen." Dadurch wurde das Bewußtsein rot. Laßt euch durch die Linearität nicht irreführen. Rot ist ein Schwingungsfeld, rot ist die Christusliebe, die in die Materie einströmt. Dieses Symbol der Christuskraft ist nach wie vor da. Für die Kinder der Erde ist es ein wichtiges Symbol. Seht zum Himmel und seht zum Mars und wißt, die Christuskraft ist hier. Erinnere dich, Kind dieser Erde, an die Geschichte vom großen alten Mann, den ihr Noah nennt, welcher nun der Mann im Mond ist. Erinnere dich, an den Satz der Bibel, der sagt: „Und Gott erschuf den Regenbogen." Der Regenbogen bedeutet die Verbindung vom Himmel zur Erde und nie wieder wird Gott eine Flut schicken, die die Erde vernichtet. Der Regenbogen ist genauso ein Symbol, wie Mars ein Symbol ist. Das Symbol Mars bedeutet: ihr seid Christuskraft, ihr seid Christusliebe in Materie verbunden und aus diesem Grund habt ihr die rote Energie als erstes Chakra zur Verfügung. Das Basischakra ist das Chakra der Christuskraft, das dürft ihr nie vergessen.

Rot ist ein Schwingungsfeld.

D.h. die rote Schwingung ist die Christusliebe und die blaue Schwingung ist der Christusfrieden, Christusweisheit?

Nein, rote Schwingung ist die Christuskraft. Blau ist die Christusliebe.

... und die Verbindung von rot und blau ist dann magenta. Aber in dem Kapitel oben sagst du es anders herum?

Du hast die Botschaft nicht verstanden, Elyah hat sich auch etwas seltsam ausgedrückt. Es ist wichtig zu erkennen, zu begreifen, daß Elyah kein Monstrum ist und Alien ein Film ist, welcher zum Erschrecken der Menschheit gemacht wurde. Diese Kreaturen existieren nicht. Das ist reine Phantasiewelt, jedoch gepaart mit Christuspräsenz. Somit entsteht eine gefährliche Waffe. Deshalb warnt Elyah vor diesem Film, den ihr Alien 1-3 nennt. Gut.

Nun aber zu deinem Kapitelabsatz. Du fragst, ob Christusliebe im Universum der Dualität blau ist. Erinnere dich an das alte Kirchenlied, Maria breitet den Mantel aus. Unter dem blauen Mantel der Mutter kann sich das Volk verstecken. Christuskraft ist rot. Und jetzt erklärt dir Elyah: Christusliebe in Verbindung mit Materie wird rot, transformiert sich in Christuskraft, in tätiges Handeln. Handlung ist die Qualität des Vaters. Der Vater hat sich liebend auf Mars manifestiert, die Christuskraft ist da. Und dieses Symbol dafür ist der Mars in roter Farbe.

Besser: Rot ist ein Schwingungsfeld, das entsteht aus der Verbindung von blauer Christusliebe mit Materie.

Ja, das ist richtig. Und die Farbe Magenta ist das Symbol des Durchdrungen-Seins, das Symbol der Christuspräsenz.

Durchdrungen sein, weil beide Farben vereint sind.

Ja.

Wunderbar.

Dann hast du aus unserer Mythologie erzählt, wenn Jesus den Fuß auf den Ölberg setzt als erstgeborener, kosmischer Mensch, wird der Obelisk sich neu errichten. Bedeutet das, er wird sich grobstofflich neu errichten, wie ist das zu verstehen?
Jesus als der Mensch Jesus ist ja nun nicht mehr da und wir werden so gelehrt, daß die Christuspräsenz in jedem von uns erwachen soll.

Sie soll nicht erwachen, denn sie ist schon immer, war schon immer da! Ich nehme Jesus, weil ihr Jesus kennt. Ihr seid in der Lehre von Meister Jesus erzogen. Jesus, das sagte ich bereits, war der erste Mensch des zwölften Hauses. Erkennt, Jesus hatte die Siegel in sich gelöst. Und erkennt, welche große Kraft von ihm ausging. Jesus hat versucht, euch durch sein Leben Christuspräsenz zu zeigen. Er zeigte euch, was mit Christuspräsenz im Leben vereinigt zu Einem Sein möglich ist. Und so bedeuten die Worte: wenn der erste kosmische Mensch seinen Fuß auf den Ölberg setzt, erwachen die Erinnerungsspeicher an das goldene Zeitalter von Gaia und der Obelisk wird grobstofflich aus der Erde wachsen. Es ist ein großer Obelisk und die Stadt Jerusalem wird nicht mehr bestehen. Keine Sorge, die Stadt wird leer und ohne Menschen sein.

Alle werden am Meer sein. Sie werden vorher ein großes Donnern hören und werden alle zum Meer eilen und werden warten und zusehen. Keiner wird zu Schaden kommen. Alles wird friedlich sein, eine große Sinfonie der Farben und der großen Klänge, viele werden sich die Ohren zuhalten und doch werden sie die Klänge hören. Es wird ein großes Spektakel sein.

Du hast aber auch gesagt, der Obelisk ist der Erinnerungsspeicher, d.h. der Erinnerungsspeicher von der ganzen Menschheit?

Höre zu. Zentriere dich. Du bist etwas ausufernd. Erkenne, Gaias Erinnerungsspeicher ist in jedem Atom. Sie wird sich erinnern an die gute, alte Zeit und so wird sie den Obelisken aus ihrem Inneren herausfahren. Die Christuspräsenz des kosmischen Menschen hilft Gaia, sich an ihren Auftrag zu erinnern. Sie ist das Bewußtsein der Heilung. Erkennt und begreift.

Dann sollten sich aber vorher die ganzen Streitigkeiten der verschiedenen Glaubensrichtungen in Jerusalem erlöst haben!

Diese Streitigkeiten rühren von Schilden her. Krieg im Herzen bedeutet ein Polieren der Schilde. Es ist ganz einfach, die Schilde abzulegen. Es wird kein Krieg mehr sein. Es ist sehr simpel. Macht es nicht so kompliziert. Lange habt ihr versucht, eure Schilde zu mystifizieren, bitte hört damit auf, Schilde haben keine mystische Kraft. Schilde trennen und zerstören. Die Schilde werden durch mystische Erklärung nicht weicher. Jesus hatte dieses Bewußtsein. Jesus wußte, daß der Schild nicht gut für ihn ist. Er legte seinen Schild ab und konnte dann in die Sterne sehen. Er hatte den Mut, seinen Schild liegen zu lassen und so gebar sich der Erstgeborene des zwölften Hauses.

Dann habe ich noch eine Frage, die vielleicht ein bißchen komisch ist: ***Uns ist aufgefallen, daß deine Art zu sprechen uns an diesen kleinen Jedimeister aus dem Film Starwars, der Joda genannt wird, erinnert.*** *Das finden wir sehr schön! Hast du diese Figur, diese Fiktion, inspiriert, hast du hier dein Bewußtsein auch schon hereingegeben?*

Elyah versucht seit langer, langer Zeit Kontakt mit dem Bewußtsein Erde, mit dem Bewußtsein Mensch, aufzunehmen. Elyahs Botschaften wurden genommen, um Unterhaltung zu machen. Es war nicht Elyahs

Ansinnen gewesen zu unterhalten. Doch dadurch konnte ich die Schwingung in viele, viele Menschen hineintransportieren. Meister Joda ist ein Bewußtsein von Andromeda. Meister Joda entstand aus dem Haus Danh. Er ist ein großes Bewußtsein und ein großer Lehrmeister. Jedoch, er wurde nicht richtig dargestellt. Meister Joda ist ein großer, roter Drache. Und wichtig ist zu erkennen, daß Meister Joda es liebt, die Sterne zu verbinden. Meister Joda ist kein kleines Männlein, das im Schlamm sitzt. Nein. Er ist ein großer, roter Drache, der zwischen den Sternen schwebt.

Also ist die Geschichte von Dragonheart, dieser wunderschöne Film von dem Drachen, auch so ein Transportmittel, um besser zu verstehen?

Molita ist eine große Seele einer alten Meisterin. Sie ist ein Bewußtsein aus dem Hause Danh. Sie inspirierte das menschliche Gehirn zu diesem Film.

Wir haben hier noch eine letzte Frage:
Du hast uns erklärt, daß die Raumbruderschaft fünfdimensional schwingt und fünfdimensionale Schwingung Einheit ist. Das würde nun wiederum bedeuten, daß es keine höhere Dimension als die fünfte gibt, weil hier Einheit ist.

Lobe dein holistisches Denken. So ist es. Die Fünf-Dimensionalität ist die Einheit mit allen Dimensionen. Jetzt unterscheidet ihr die sechste, siebente und achte usw. Dimension. Darüber muß Elyah lachen, wenn sie dieses hört. Diese Vorstellung ist ein großer Witz für Elyah, und ein schöner Witz. Es ist ein filigranes Konstrukt und ihr habt viel Gedankenkraft in dieses Konstrukt hineingegeben. Ihr liebt dieses Spiel der Konstrukte. Deshalb werde ich Kapitel 4 konstruieren und werde hier Konstrukte für euer Gehirn entwerfen, dadurch werdet ihr viel überlegen können und ihr werdet euch wohlfühlen mit diesem Konstrukt.

Danke. Das waren unsere Fragen.

Elyah sagt Pause. Wichtig, bitte klärt die Sterne. Ich sagte es gestern schon zu euch, doch ihr habt das Bild der Sternenkarte nicht geklärt. Elyah braucht Raum zum Malen.

Dann haben wir das vielleicht nicht gehört, als du das gesagt hast, weil nur das Paar Ohren von Michael da waren. Es ist auch wichtig, daß von uns Ohren da sind. (Wir hatten Elyah zuvor erklärt, daß wir sie nur verstehen können, wenn wir das, was sie sagt, auch hören können. Daraufhin hörten wir sie mit Michael im Badezimmer sprechen. Wir erinnerten sie an die Ohren, die hören können sollten, und machten mit Elyah die Vereinbarung, daß immer mindestens vier menschliche Ohren anwesend sind, denn sie erzählte auch manches unseren Tieren. Sie hatte geglaubt, Michaels Ohren, die zweifellos hören können, seien genügend.)

Diese Wirklichkeit besteht. Ja, es ist so gewesen. Verbindet euch mit den Ohren des Bewußtseins meines Botschafters Michael, so könnt ihr Christuspräsenz üben. Wichtiger denn die Worte sind die Schwingungen, die ich euch übertrage, während ich nicht spreche. Also bitte erkenne, daß ich deine Worte sehr wohl beachte, und wenn du Freude daran hast, werde ich Worte sprechen, wenn Ohren da sind, die zuhören.

Vielen Dank, das waren unsere Fragen.

Gut, hiermit erklärt Elyah das dritte Kapitel für beendet.

Danke Elyah, wir haben deine Antworten und deinen wunderbaren Humor sehr genossen.

IV

EGO, SCHILDE UND CHRISTUSPRÄSENZ

MENSCHSEIN IST EINSSEIN. DAS INDIVIDUUM ERSCHAFFT UNTERSCHIEDE, ERSCHAFFT EINSAMKEIT. EINSAM IST NICHT–EINSSEIN. DER EINSAME MENSCH IST EIN SCHILDMENSCH.

Große Freude war in den Häusern Atlantis, Rhubinihus und Lemuria, denn die klingenden Steine, die großen kristallinen Obelisken von Atlantis hatten es verkündet! Die fünfte Dimension, die Einheit ist da! Sie kommt heran und wird bald die Erde berühren. Der große Obelisk von Poseidonis strahlte und funkelte. Alles freute sich auf die große Einheit. Die Medien, die Priester waren, saßen auf ihren Thronen, mit denen ihre Drachen gesattelt waren. Sie flogen auf den Drachen durch die Lüfte und verkündeten die Botschaft der Freude überall auf dem großen Kontinent. Die Einheit naht! So kamen die Räte aus dem Haus Rhubinihus mit den Räten der Häuser Atlantis und Lemuria zusammen und sie fanden sich zu einem Kreis zusammen und bildeten einen Ring um den großen Obelisken. Sie legten ihre Köpfe in den Nacken und sangen den Ton der Einigkeit. Seit Äonen war überliefert, daß die Einigkeit an dem Tag gesungen wird, an dem die Einheit kommt. Und dieser Ring von Bewußtsein verschmolz zu einem Wesen und komprimierte sich in den Sockel des Obelisken zwischen der Unterwelt und der Oberwelt. Es entstand ein Eines Bewußtsein in der Materie, ein leuchtender Materiefunken, schwebend zwischen den Welten, wartend auf den großen Tag der Vereinigung. Es war ein schönes Konstrukt und ein wundervolles Ereignis, das EineSein in der Materie aller Völker. Erkennt. Begreift.

Die Verschmelzung dreier Häuser ergeben eine neue Kreation, ein neues Bewußtsein, einen Urton. Der kosmische Mensch verbindet Ober- und Unterwelt. Der kosmische Mensch ist das Bindeglied, er vereinigt die Qualitäten von Rhubinihus, Atlantis und Lemuria.

Erkennt. Begreift. Er ist die Verbindung von Sternenwissen mit Geist und mit Materie. Der kosmische Mensch ist EinSein!

Der große Blitz der nicht angeschlagenen dritten Platte kam, zerstörte den Obelisken und riß die lichte Materie auseinander. So entstanden zwei getrennte Bewußtseine: Mann und Frau! Großes Wehklagen erhob sich auf dem Kontinent, und aus dem sterbenden Obelisken breitete sich ein gewaltiger Schmerz aus, der eine große Energiewelle um den Obelisken herum bildete. Die Drachen erschraken und richteten sich gegen die Bewohner. Alle Medien fielen von den Thronen ihrer Drachen, die in den Lüften um den Obelisken herumflogen. Sie fingen an, Feuer aus ihren Rachen zu speien und Verbrennungen zu verbreiten. Die Erde zerbarst, große Rauchwolken stiegen aus dem Inneren von Gaia auf. Gaia bäumte sich auf, sie wollte diesen Schmerz nicht ertragen. Sie wollte den Kontinent von ihrem Leib schütteln.

Nach dem Schmerz kam die Trauer. Die Mythologie des christlichen Bewußtseins sagt: und sie sahen, daß sie nackt waren! Sie waren keine Einheit mehr, sie waren nicht mehr in Verschmelzung. Sie waren getrennt.

Die Siegel aus der Atmosphäre kollabierten, und als Folge davon starben jene Sternenfahrer, die ihr Saurier nennt, in großen Massen. Das Bewußtsein von Rhubinihus ging über die sterbenden Körper und nahm die Energie auf, um das Leben zu schützen. Doch zu spät. Die Körper vergingen. Die Erde brach auseinander. Das Feuer wurde zum Element der Feindschaft des Lebens. Die Feuerfeen verglühten. Seit dieser Zeit gibt es keine Feuerfee mehr. Erkennt. Begreift.

Alles war verändert. Alles, woran die 3 Häuser glaubten, war zerstört und zerbrochen. Die Wesenheit Atlanto nahm sich beider Menschen an, um ihnen zu helfen. Er führte sie in einen großen Wald, in ein Gebiet, wo sie Ruhe fanden. Ihr nennt solche Wälder heute Urwald. Er gab ihnen Steine, und er zeigte ihnen wie Steine behauen werden mußten. Das Leben entstand in der Form wie ihr es kennt. Erkennt, begreift, wie wichtig dieses Wissen ist! Ihr wart Einheit, die getrennt wurde. Die Zerstörung des EINEN Wesens war ein großer Schmerz, ein großes Übel im Kosmos. Diese Energie der Zerstörung war stärker als die Energie der orionischen Kriege und in ihrer Folge erfuhr der Mensch ein großes Trauma: Der Mensch erfährt sich nun als getrennt, nicht mehr Eins und die Suche nach dem zweiten Teil, nach der Dualseele beginnt. Ein immerwährendes Suchen und nie Finden beginnt in dieser Zeit auf Gaia. Erkennt. Begreift. Ihr seid Ein Wesen von großer Kraft gewesen und ihr werdet es bald wieder sein. Bitte seid nicht traurig. Elyah muß es euch erklären, damit ihr begreift. Die Schilde kamen vom Mars. Erkennt. Begreift.

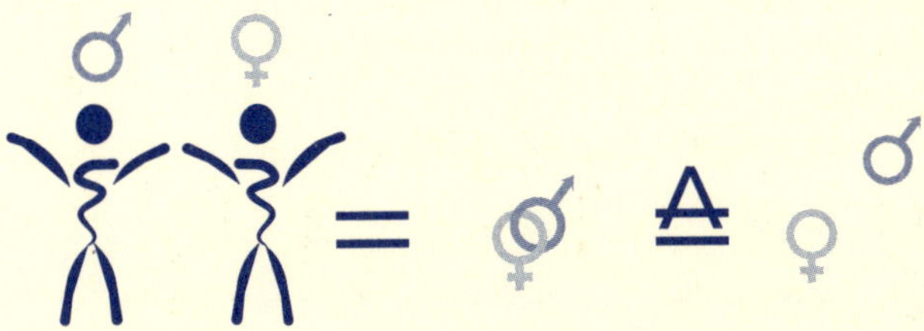

Elyah will malen. Mensch. Mensch.

Der große Blitz verankerte die 12 Siegel in eurer DNS, er formte jedoch auch die Symbole des kosmischen Einheits-Bewußtseins in den Menschen hinein. Das Materiesiegel (♀), oder besser ausgedrückt, das Materiesymbol, ging mit seiner Kraft auf den ersten Menschen nieder. Der erste Mensch war eine Frau. Ihr Bewußtsein war Materie. Das Geist-Bewußtsein und das Sternenwissen waren abgespalten. In diesem ungewohnten System erschuf die Verbundenheit mit Materie den Mann. Mann und Frau suchten sich und fanden sich, sie erinnerten sich tief in ihrem Bewußtsein an die Kraft von Rhubinihus und sie versuchten, sich zu verbinden. Das Symbol des Hauses Rhubinihus ist das gleichschenklige Kreuz. In der Sprache der Mathematik nennt ihr es Plus, es verbindet, zeugt Neues, doch es entsteht keine Einheit (⚤). Es entsteht ein Neues, entweder ein Mädchen (♀) oder ein Junge (♂). Eine immerwährende Wiederholung entsteht, denn das Eine Wesen kann nicht erschaffen werden, solange die Siegel in eurer DNS verankert sind.

Der Schmerz des Obelisken von Poseidonis strahlt immer noch. Die Wiederholung bringt nur zusammen, jedoch erschafft sie kein Einswerden. Es wird lediglich die Erhaltung der Art gesichert; erkennt, begreift.

Mars lenkte die Energie, jedoch Mars ist vergangen. Mars gab die Information der Schilde, die Information des Sich-Schützen-Müssens in Gaia hinein. Der Mensch fühlt sich allein, der Mensch will sich schützen. Der Mensch baut, kombiniert mit dem zweiten Siegel, den Schild auf. Das Prinzip des Schildes ist das Trennen, das Schützen, das Nicht-Erkennen. Der Schild verdichtet den Blitz in den Menschen und noch größere Trennung entsteht. Ein Zusammenkommen ist nicht möglich. Die Hormone bilden sich und erzeugen die Kraft, um die Schilde für kurze Zeit zu durchbrechen, damit die Art erhalten bleibt. Hormone sind nicht lustig, sie bringen großen Schmerz. Erinnere dich an das Gefühl, wenn du verlassen wurdest von dem, den du liebst. Es ist ein großer Schmerz in Brust und Bauch und viel Wasser kommt aus euren Augen, ihr weint.

Der Mensch ist der Träger der Christuspräsenz. Christuspräsenz ist die große Kraft der Einheit. In den Schilden richtet sich die Kraft der Einheit gegen die Menschen und treibt euch weiter auseinander. Der Schild kann diese Kraft nicht durchlassen. Die Christuspräsenz innerhalb der Schilde des Schildmenschen zerstört. Die Christuspräsenz im Schildmenschen sorgt für einen dicken, großen Schild.

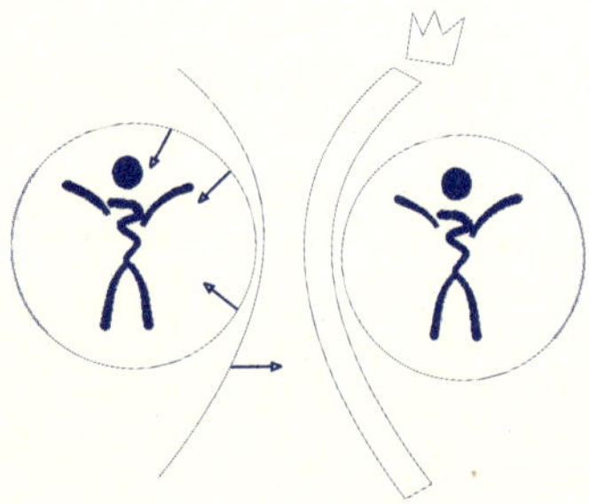

Ihr setzt euch Symbole auf den Schild, eine Krone zum Beispiel. Der kleinere Schild fühlt sich schwach und verneigt sich vor dem großen dicken Schild. Die Christuspräsenz schwächt den kleineren Schild, weil sie nicht herausfließen kann, dann nährt der kleine Schild den großen Schild. Der Aspekt der Christuspräsenz nährt den großen Schild, im weiblichen Prinzip der nährenden Kraft der Shekinah. Somit entstanden große Schilde, große Schilde, die ihr verehrtet. Schild in der alten Sprache heißt: PHARAO.

Erinnert euch: Mose ging zum Pharao. Der Pharao hatte einen großen Schild. – Mose sagt: „Laß das Volk frei, laß die Menschheit frei."

Der Pharao sagt: „Nein."

Mose sagt: „Wir haben ein Bewußtsein. Gott ist Einheit und unser aller Zuhause, Gott wird dir Kraft schicken, um deinen Schild zu durchdringen, Pharao."

Pharao hörte nicht auf Mose. Das Bewußtsein der Einheit mit dem Ego, und somit den persönlichen Machtgelüsten, zerbrach seinen Schild. Pharao bekam folglich Angst um seine Macht und erzeugte Krieg. Einheit im Schild erzeugt Krieg.

Wir wollen das genauer erläutern: Einheits-Bewußtsein an sich kommt aus der Quelle, ist neutral und ist überall im Universum. Fällt jedoch die Einheit auf ein ungeklärtes Ego, und somit in einen Schild, stärkt sie das Ego, und dadurch wird die Wesenheit machthungrig und triebbestimmt. Daher sagen wir: Christuspräsenz im Schild wirkt zerstörerisch! Doch die Einheit lernt. Einheit will Durchdringung und nicht Zerstörung.

Jedoch die Geschichte von Mose fand viel später statt, nicht in jener frühen Zeit.

Die Evolution sorgte für dicke Schilde.

In jener Zeit nach der Zerstörung des Obelisken gab es einen weisen Menschen, er wurde Noah genannt. Noah baute ein großes Energieschiff, das so aussieht:

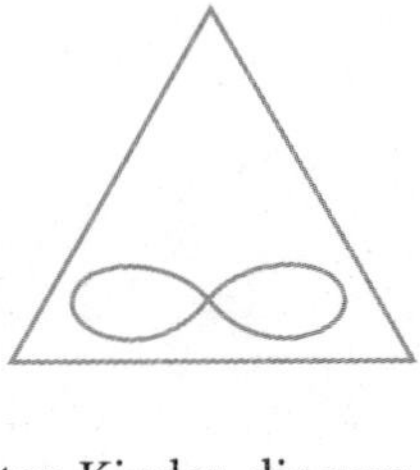

Er brachte die verwirrten Kinder, die nun mit ihrer 2-Strang-Helix Leben erschufen, durch das Chaos und die Zerstörung. Er trug sie in beruhigte Gebiete Gaias und lehrt sie. Er sagt ihnen: „Ihr tragt die alte Kraft, das alte Wissen in euch. Geht nun und entdeckt, lernt, macht euch auf den Weg."

Ihr nennt diesen Weg den spirituellen Weg, den Lichtweg, den Weg der Erkenntnis oder den Weg der Erleuchtung. Es ist der Weg, der euch eure Siegel finden läßt, damit ihr frei seid. Lernt und begreift.

Noah sicherte das Leben der Ureltern des neuen Menschen, der kosmisches Bewußtsein in sich trägt, das er nur noch nicht entdeckt hat. Noah wußte um die Geheimnisse. Noah nahm, nachdem er die Menschen in das befriedete Gebiet gebracht hatte, sein Schiff und stieg mit diesem Schiff in das Bewußtsein Mond auf. Seit der Zeit glauben Kinder an den Mann im Mond und Noah schaut herab und beobachtet, wie sich die Kinder auf diesem Planeten entwickeln. Er beobachtet und erschafft Zyklen, damit sie sich erinnern. Erkennt. Begreift.

Laut der Bibel hat Noah ja zwei Wesenheiten von jeder Rasse mit auf die Arche genommen...

Zwei! Das ist Egofutter und stärkt den Schild. Es gibt keinen Unterschied zwischen Mann und Frau. Die Organe der Zeugung sind unterschiedlich, das Bewußtsein ist gleich. Erkennt. Begreift. Es ist wichtig, diese Botschaft nicht linear zu verstehen. Noah war vor Mose! Das ist nicht wichtig. Die Geschichte ist ein Mythos. Erkennt. Begreift. Lernt die Geschichten holistisch zu sehen, und nicht linear. Ich versuche euch einen Ablauf zu erklären, der nicht linear ist. Erkennt. Begreift.

Während wir unseren Glastisch putzten, versuchten wir gemeinsam zu verstehen, warum es Elyah dennoch wichtig schien, auf Mann und Frau und die Zeugung neuer Kinder abzuheben, wenn doch ZWEI wieder einmal Schildpolieren war. Es ging Elyah doch um ein Bewußtsein, die Geschichte der Zeugung ist für sie nicht wichtig. Ich versuchte durch ihr gemaltes Bild das in Kapitel 2 gelernte noch mal zu erklären: Das männliche Zeichen ist das Zeichen vom Hause Atlantis und das weibliche Zeichen ist das Zeichen vom Hause Lemuria. Lemuria hat sich um Materie gekümmert, Atlantis um Sternenwissen - als sie plötzlich wieder durchkam...

Erkennt. Trennung ist eine Illusion. Ihr habt nur lange geglaubt, ihr seid getrennt. Ihr seid ein Wesen. Die Kraft der Manipulation erschafft diese Welten. Es ist eine Matrix, die diese Fiktion erschafft. Ihr glaubt, es ist real, jedoch es ist Fiktion. Mann und Frau sind ein Wesen.

Erkläre uns bitte den Begriff „Matrix"!

Matrix ist eine energetisch erzeugte Energiephalanx, welche eine Tatsache vorspiegelt, die nicht existiert. Diese Vorspiegelung wird jedoch als wahr empfunden! Fiktion wird zur Wahrheit. Das ist z.B. die Grundursache der Krankheit auf diesem Planeten. Ihr definiert ein Symptom als wahrhaftig und sagt: weil es so ist, muß mein Körper sich nun zerstören.

Also da würde der Satz von Solara einsetzen: Diese Wirklichkeit akzeptiere ich nicht! Wenn es auf allen Ebenen gelingen würde.

Ja, es kann gelingen, wenn ihr das Lernfeld der Einheit mehr und mehr zu eurem Lebensraum macht. Dieses Lernfeld sollte nun in den 11 Meisterjahren den Schild mehr und mehr ersetzen, und so ist der Abschied vom Schild auch nicht mehr leidbehaftet.

Elyah will malen. Erkennt.

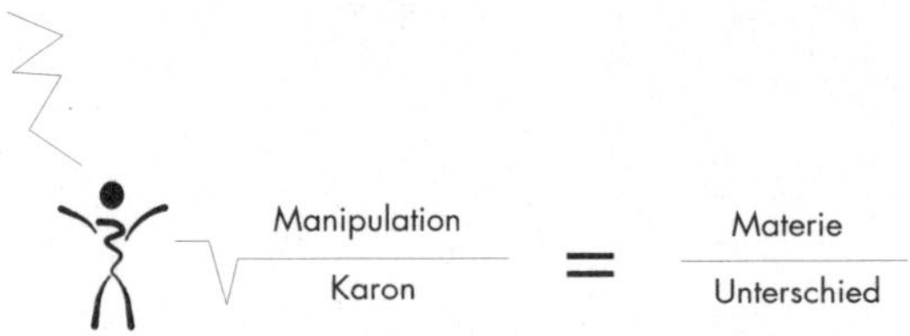

Ich lehrte euch ein wichtiges Prinzip: die Trennung der Materie, die Trennung der Bewußtseinssequenzen durch den großen Blitz des Nichtklingens der dritten Platte. Es entstand das Bewußtsein der Materie. Es ist wichtig zu erkennen, daß ihr Menschen seid, daß ihr Materie seid, die Geist durchwirkt und Sternenwissen durchwirkt ist! Ihr habt nie die Frage gestellt, warum erinnern wir uns nicht? Ich werde euch erklären, warum ihr euch nicht erinnert.

Der große Blitz, die Energieverschmelzung von Rigel, ist eine Wesenheit dunkler Kraft, die Karon genannt wird. Er ist eine starke Energie, er ist der Schatten von Deklet. Erkennt. Große, große Macht vereinigt sich im Blitz. Dieser Blitz war wichtig zur Erschaffung von Materie, wie ihr sie kennt und erschuf den Menschen. Die Siegel wurden mit der Energie von Karon geflutet. Karonenergie ist Manipulation. Diese große Kraftmanipulation verschmilzt mit dem Einen

Bewußtsein. Die Ebene der Oberwelt verschmilzt mit der Ebene der Unterwelt. Das ist Manipulation in der Kraft Karons. Erkennt, begreift, es ist wie eine Formel aus der Mathematik: Bewußtsein wird zu Materie. Es entsteht ein Unterschied. Verbindung von Materie erschafft Unterschied. Unterschied ist ein wichtiger Begriff in diesem Kapitel! Materie möchte leben und erfüllte Fülle sein, und nicht manipuliert werden. Begreift. Versteht.

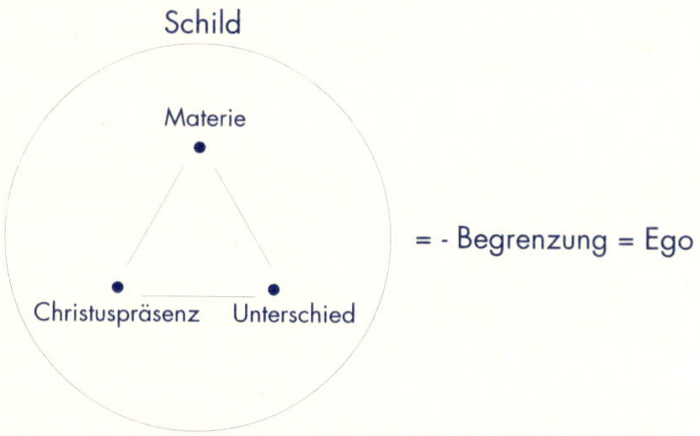

Das ist Kraftlenkung. Christuspräsenz in Verbindung mit Unterschied und Materie bildet eine Triangulation. Diese Triangulation ist gleichzusetzen mit Begrenzung; Begrenzung ist gleich Ego. Versteht. Erkennt. Begreift.

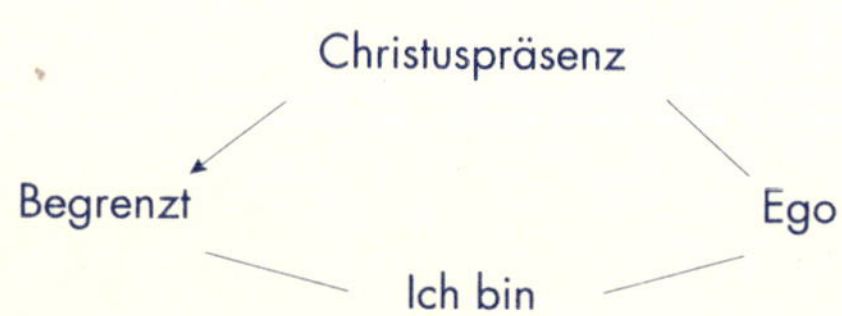

Die Christuspräsenz ist Liebe durchwirktes Leben. Diese Kraft verbindet sich in euch durch Materie und die Kraft der Unterscheidung. Seht, wie Unterschied entstand. Ihr nehmt diese große Kraft auf und erschafft damit Begrenzung. Begrenzung ist eine Minusform für Erweiterung, für EinsSein, für Assimilation. Diese Minusform ist Ego.

Ego ist die Erschaffung eurer Kraft. Der Schild wird zur Abgrenzung, zur Trennung, zum EGO-IST. Versteht. Es ist Karon in euch, der den Schild baut. Erkennt. Begreift.

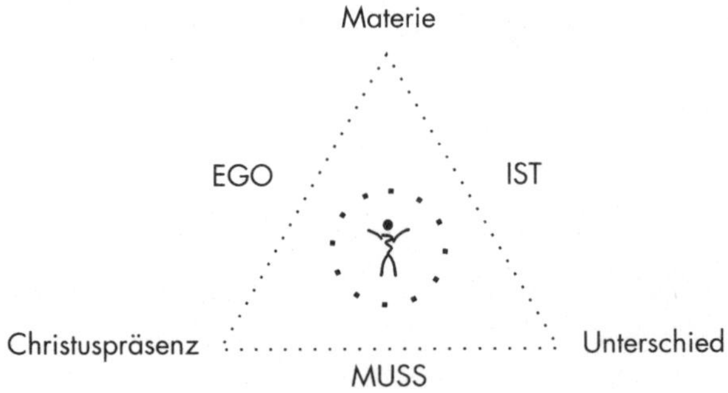

Muß ist Ego. Der Mensch brauchte das Ego, er mußte es durch die Trennung entwickeln.

Gut, heute war es turbulent. Heilung ist manchmal turbulent. Turbulenz ist eine freie Form der Energie, die du für dein Sein nutzen kannst. Erkenne. Turbulenz erschafft „Wir sind". Der Fokus der Shekinah ist der Fokus der Sonne. Turbulenz ist in der Sonne. Turbulenz erschafft, Turbulenz macht weit. Erkennt. Begreift. Der kosmische Mensch erschafft ein großes Bewußtsein, eine eigene Form, eine eigene Merkabah.

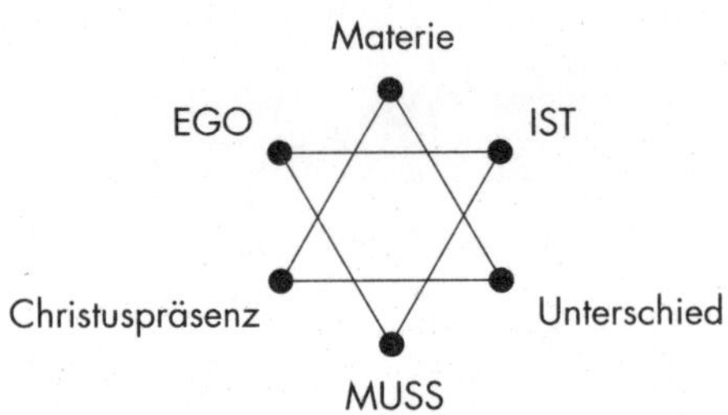

Merkabah der Zerstörung

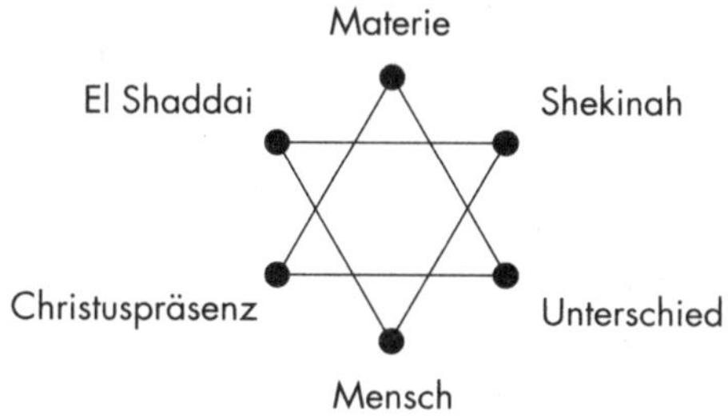

Merkabah des Lebens

Die große Triangulation des Lebens durchflutet alle Matrizen aller Universen. Sie ist große Kraft. Erkennt. Begreift.

Dieses Symbol ist wichtig.

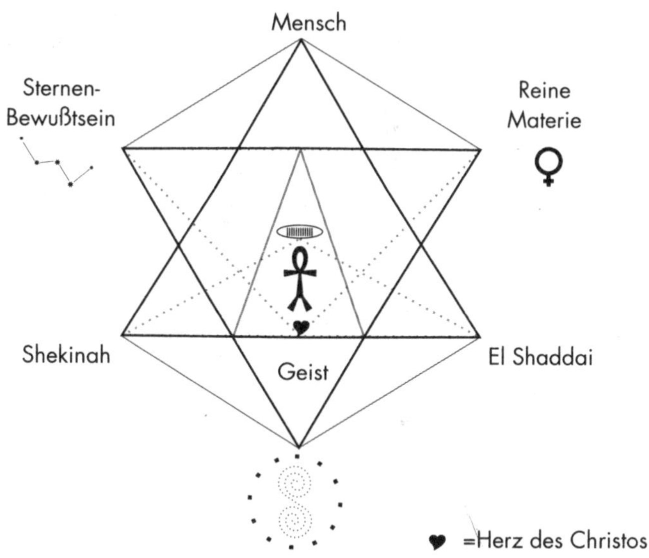

Das Symbol des Sternenwissens ist das „*Himmels W*" von Cassiopeia. Das Symbol für Materie-Bewußtsein und Venus ist das Gleiche, das ist wichtig. Venus gibt es nur in diesem Planetensystem. Materie, reine

Materie, ist überall im Universum. Die Verbindung aus Sternenwissen und Materie erschafft überall das Symbol von Vater/Mutter Gott.

Vater/Mutter Gott im Ausdruck der 12 Häuser von Cassiopeia.

Durch diese Verbindung entsteht die Merkabah der Öffnung, die Merkabah des Verschmelzen-Könnens. Der kosmische Mensch ist Christus in Kraft, in Vollmacht. Er kann in Liebe verschmelzen. Die Innentriangulation, die so entsteht, ist das Herz des Christus, der Mittelpunkt ist inneres GlücklichSein, Zufriedensein: Hier erfährt der kosmische Mensch: wir sind das Wir Sind. Shekinah und El Shaddai erfahren sich im Mittelpunkt, im kosmischen Menschen. Erkennt. Begreift.

Ihr versteht besser, wenn Elyah malt. Der im Herzen des Christus entstehende Punkt heißt: Geist. Erkennt. Begreift.

Dieser Punkt ist wichtig, denn hieraus entsteht die Antarion-Konversion. („W“ – Venusspiegel – Geist = Geistdreieck; Shekinah, El Shaddai, kosm. Mensch = Materiedreieck) Es bedeutet eins werden mit allem Sein.

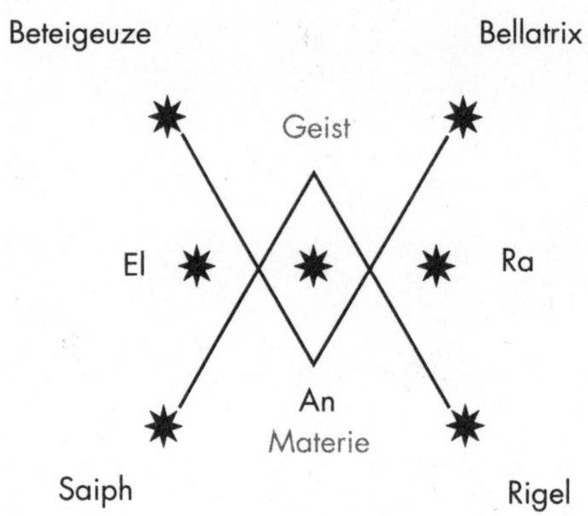

Antarion-Konversion

Antarion-Konversion ist die Verbindung des Geistdreieckes mit dem Materiedreieck; im Bereich der Überlappung entsteht die Zone der Aufhebung der Dualität, das entspricht dem Auge von AN, denn die Antarion-Konversion kann als das Symbol des Sternbildes Orion gesehen werden. (Näheres dazu bei Solara)

Die Antarion-Konversion steht für das Einswerden.
Erkennt, der kosmische Mensch ist das Auge von AN.
Erkennt, der kosmische Mensch ist auch Gaia.

Erkennt. Ihr nehmt euch die Möglichkeit ein Sternentor zu sein. Durch die Merkabah der Schilde versteckt ihr die Schönheit des Universums in euch. Schaut nicht nach oben, um die Sterne zu bewundern, bewundert die Sterne in euch. Erkennt. Begreift. Es ist ein schönes Gefühl, Kosmos zu sein. Der Kosmos ist nicht kalt. Er ist Wärme und Liebe, die in alle Seinsebenen ausstrahlen.

Das Mantram für Freude ist Halleluja. Begreift. Erkennt, das aufgemalte Konstrukt ist die Pyramide Poseidonis. Die Einheit der Pyramide erschafft diese Kraft, die die Unterwelt von Poseidonis mit der Oberwelt von Poseidonis verbindet. Das ist eine Matrix. Das ganze Universum ist so aufgebaut. Die ganze Form nennt ihr Atom.

Nach einer Pause, in der wir versuchten, Michael zu erklären, was Elyah uns vermittelt hatte, sprachen wir über unsere Erkenntnisse und begannen unsere Fragen zu sammeln.

FRAGEN AN ELYAH ZUM VIERTEN KAPITEL

Während Michael versuchte, sich etwas zu erholen, trugen wir unser gemeinsames Wissen über das morphogenetische Feld zusammen und versuchten diese Erkenntnisse mit Elyahs Lehren zu verbinden. Auch wollten wir gerne verstehen, wie nun nach Elyahs Schulung ein Leben in einer Gemeinschaft wäre, denn auf diesem Gebiet hatten wir alle viele, nicht immer fruchtbare Erkenntnisse und Erfahrungen gesammelt. Unsere Schilde begannen daher heftig zu schwingen, als Elyah, wie bereits gewohnt, plötzlich wieder da war und anscheinend unsere „Wellen" beobachtet hatte.

Ich möchte Bezug nehmen auf deine Fragen im Block, das verkürzt doch eure Zeit. Elyah lernt Linearität. Die Zeitebene ist ein Konstrukt der Bewertung und die Säule der Linearität.

Die Frage, die ich aufgeschrieben hatte war:

Jeder Mensch ist mit dem morphogenetischen Feld verbunden. ***Wenn wir unsere Erfahrungen nach unserem physischen Tod durch die Speicherung unserer Emotionalkörper im morphogenetischen Feld abgeben, dauert es doch lange bis diese Erfahrungen dem ganzen Feld, und somit allem Bewußtsein von Gaia zur Verfügung stehen.***

Jede Sekunde eurer Zeitebene sterben Menschen auf dieser Erde. So ist reger Austausch zwischen der Ebene, wo die dritte und die vierte Dimension sich überschneiden und der Ebene der Inkarnation. In dieser Zone der Überschneidung werden alle von einem Wesen gespeicherten Erfahrungswerte freigegeben und mit dem morphogenetischen Feld verbunden, so daß alles allen zur Verfügung steht. Bitte erkennt, begreift. Ihr solltet nicht denken, da sammeln wir 70 Jahre Erlebtes und dann geben wir unsere Erfahrungen ab. Jede Sekunde wird abgegeben und neu heruntergegeben. Denkt in Zyklen, denkt an Noah und an den Mond. Der Mond gibt den Atem des Lebens hier auf der Erde, verstehe und begreife.

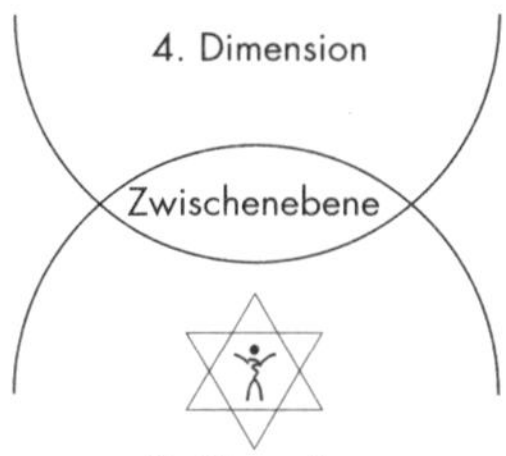

Was geschieht mit den Emotionalkörpern, die noch Schilde haben, wenn die Siegel erlöst sind?

Sie verschmelzen und werden Eins mit dem großen kosmischen Bewußtsein, ihr nennt es das Hohe Selbst aller Menschen, ihr nennt es die Weiße Bruderschaft.

Ist nach deiner Meinung jeder Mensch mit dem morphogenetischen Feld verbunden?

Gegenfrage. Versuchter Witz. Kennst du einen Menschen, der nicht stirbt?

Guter Witz. Brauchen wir das morphogenetische Feld nach der Entsiegelung noch?

Natürlich. Das morphogenetische Feld ist nach der Entsiegelung erweitert, es geht bis an die Grenze eures elektromagnetischen Feldes von Gaia. Dort werden die Siegel als Segen neu positioniert, damit sie nicht wieder in die DNS rutschen, falls etwas schiefgeht. Ein Witz.

Es gelingt dir sehr gut, Humor zu assimilieren, wollte ich dir an dieser Stelle mal sagen.

Es freut mich.

Du hast uns in der Pause gesagt, daß die Schilde an die Namen gebunden sind, an unsere Namen und je kraftvoller, je älter ein Name ist, desto dicker ist der Schild?

Das ist richtig, ich muß dazu malen und erklären. Ich errichte ein Konstrukt, das ist ein interessantes Spiel: Frage und Antwort! Konstrukte entwickeln bringt Freude, bringt Leben, jedoch nur in dieser Dimension.

Wir Elyah machen nun ein Spiel und nennen diesen Menschen, es ist ein Mädchen, Anna. Der Name ist Schwingung. So hat der eigene Name eine Auswirkung auf das Mädchen.

Maria, ist ein eigener Name und hat ebenso Auswirkung auf das Mädchen. Es entsteht daraus Anna-Marie, daraus entsteht Ria, daraus entsteht Rea, daraus entsteht Sanna, daraus entsteht *Marianne.* – Gut, du denkst holistisch. – Versteht, begreift.

Die Zwischenebene ist eine Ebene großen Wissens und die Mutter des morphogenetischen Feldes. Die Seele mit dem Emotionalkörper dringt ein in die Zwischenebene und gibt die Information von Rea ab. Diese Information strahlt in das morphogenetische Feld aus und gibt die Informationen in Susanna, Maria, Anna, Sanna, Marianne hinein. Erkennt, begreift.

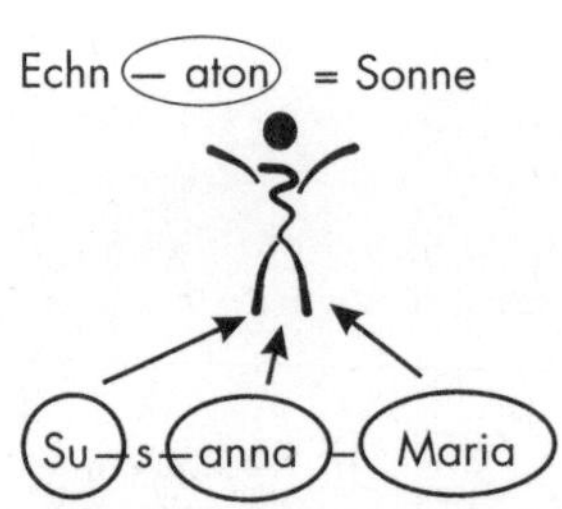

Anna + Maria + Ria-Rea
Sana + Marianna

Jetzt begreift ihr den Begriff: „großer Name".

Es war einmal ein großer Essenerfürst, er hieß Echnaton. Er hatte das Wissen um den einen Gott. Sein Name war Aton. Aton ist ein wichtiges Symbol und bedeutet, die Sonne geht auf, bescheint das

Land, bringt Fruchtbarkeit in der Verbindung von Sonne und Wasser, Feuerwasser ist Fruchtbarkeit. Aton ist die Sonne. Erkennt, begreift. Echnatons Körper wird zu Erde, seine Seele mit seinem emotionalen Sein steigt auf. Und Echnaton strahlt auf alle Namen mit Komponenten, die ihr Buchstaben nennt, aus. Erkennt, begreift. Wissen, Befindlichkeit, emotionale Muster, die ihr Erfahrungen nennt, strahlen aus. Erkennt. Begreift.

Woher kommen dann unsere Erinnerungen? Das würde bedeuten, wir könnten keine Erinnerungen haben?

Doch du hast Erinnerung, du weißt es nur nicht. Es gibt die Oberwelt und die Unterwelt. Die Unterwelt nennst du Unter-Bewußtsein, doch du brauchst viel Energie, um die Unterwelt entdecken zu können. Viel Energie, z.B. große Emotionen bringen aus deiner Unterwelt Dinge in deine Oberwelt, die du Bewußtsein nennst. Hier hinkt die Erklärung. Erkenne.

Begreife, die Zwischenebene ist ein großes Emotionalfeld. Die Seele tritt in die Zwischenebene hinein. Diese Ebene ist eine Kugel aus Schilden, darinnen sind alle Erfahrungen, alles Wissen enthalten. Es ist ein Emotionalfeld von großer Energie. Die Emotionalfelder lenken die Energie, bilden ein eigenes Feld, das ihr morphogenetisch nennt. Die Seele kommt aus der Quelle allen Seins und durchdringt die Zwischenebene. Sie hat einen Auftrag, sie möchte etwas bestimmtes erfahren und sucht sich hier, in der Zwischenebene, die Komponenten mit dem passenden Schild zusammen und kommt auf die Erde. So ist ein Einfluß auf den Namen genommen. So ist auf die Seinsebene Einfluß genommen. Ihr nennt das Evolution; die Evolution bringt Erfahrungen, die ihr Muster nennt.

Das ist dann auch der Grund, warum es z.B. in der jetzt noch als Rückführungsarbeit bezeichneten Arbeit so viele Tut-Ench-Amuns gibt?

Ein Grund.

Aha. – Es macht dann auch keinen Sinn, wenn wir die Namen nehmen, die unser Seelenthron, unser Hohes Selbst hat? Da sind auch die Buchstaben drin.

Richtig.

D.h. unser wahrer Name ist ein Klang.

Ein Ton. Gut, ihr denkt holistisch.

Wie geben wir die Angst vor dem Mißbrauch auf?

Die Angst vor dem Mißbrauch ist an das zweite Siegel gekoppelt. Erkennt, begreift, wie wichtig es ist, das zweite Siegel aus der DNS herauszulösen. Wie das geschieht, wird euch noch erklärt.

Bitte, erinnert euch: der große Blitz trifft den Menschen, der einheitliches Bewußtsein war und Trennung geschieht. Die Furcht entsteht. Seit dieser Zeit gibt es kein Urvertrauen mehr. Urvertrauen in ein großes Prinzip des All-Ein-Seins, das nun nicht mehr ist. Daher beginnt der Mensch, Gott zu suchen. Doch der Mensch meint, Gott sei weit entfernt und er könne nicht zu Gott hinkommen. Der Mensch hat vergessen, daß er selber Gott ist. Er hat seinen Namen vergessen. Darum hat das Bewußtsein von Gott so viele Namen, darum habt ihr Gott so viele Namen gegeben. Den wahren Namen habt ihr vergessen. Der Name ist Vater-Mutter. Erkennt. Begreift. Gott ist in dir, habe dich lieb dafür. Gott ist nicht im außen, gebt die Macht nicht an Steine ab. Die Macht ist in dir. Erkenne, begreife, es ist so leicht zu rufen: Hilfe, Hilfe. Niemand hört das. Hilf dir selbst, indem du still wirst, höre zu, was deine Lebensmitte dir sagt. Da findest du die Antwort. Verbinde dich mit deinem Hohen Selbst, es gibt dir immer Antwort. Die Verbindung mit dem Hohen Selbst aller Menschen gibt dir Antwort. Erkennt. Begreift. Ihr seid Eins.

Könnte man dann Mißbrauch überhaupt assimilieren, wenn die Siegel weg wären?

Wenn die Siegel weg wären, wäre Mißbrauch nie geschehen.

Wenn jedes „muß" Ego ist, kannst du mir dann bitte sagen, wie ich mit Terminabsprachen, versprochenen Sachen, die ich tun werde, Vereinbarungen, etc. umgehen soll?

Hm, wisse und begreife. *Ver-sprochen* hast du dich oft. Diese Energiephalanx zwingt sich auf, sie sagt: schaut her, ich habe einen großen Schild. Ich verspreche dir, ich mache das. Solche *Ver-sprechen* stärken den Schild und machen andere klein. Du signalisierst: Dein Schild ist kleiner, daher neige ich mich dir zu. „Muß" ist ein großes Ego. Die dritte Dimension ist linear. Termine hacken das Sein ab. Erkennt. In der fünften Dimension gibt es keine Termine. Im Übergang in die fünfte Dimension erkennt ihr, wann Bedarf besteht, dann reagiert ihr, weil ihr assimilieren lernt. Ihr lernt Assimilation aufgrund von Bedarf. Ihr nennt das heute Achtsamkeit. Erkennt und begreift.

*Diese Aussage ließ uns über **Zeit und Machbarkeit** sprechen.*

Elyah gab uns folgende Antwort:

Hm, wie stolz du bist auf deine Muster. Erkennt. Begreift. Die Fragen nach der Zeit erübrigen sich in der fünften Dimension. Ihr seid dann kosmische Menschen! Ihr denkt dann: die Zentralschweiz ist hier und du bist in der Zentralschweiz. Erkennt. Begreift. Es ist wichtig, nicht die Trennung aufrechtzuerhalten, nein, seid Einigkeit.

Ich verstehe Elyah, daß es in der fünften Dimension so ist, jedoch bis das hier gelöst ist, und wenn die freien Energien assimiliert sind, braucht es ja auch noch eine Weile. Du hast gesagt bis 2001/2002 und in der Zeit...?

Der Übergang wird schleichend sein. Menschen werden sich bei dir melden, wenn sie Bedarf haben, einen Kontakt mit Hilarion herzustellen. Er ist ein großer Meister. Sie melden sich bei dir, und du sagst: wir freuen uns, dich zu assimilieren. Du nimmst die Wesen mit Liebe auf, nicht mit der Energie: „schon wieder eine Session". Öffne deine Lebensmitte, freue dich, du darfst assimilieren, du darfst Hilarion sprechen lassen. Die Menschen kommen zu dir auf unterschiedliche Art und Weise, mit dem Fahrrad, dem Auto oder dem Zug, das sind alles Möglichkeiten. Du sagst, wir treffen uns dort an diesem Punkt. Ist dieser Punkt für dich angenehm? Einigkeit entsteht und dann seid ihr da. Die Zeitebene wird immer unwichtiger im Übergang. Erkennt. Begreift.

Gut. ... Wir üben.

Ihr seid.

Ich traue mich schon fast nicht mehr zu fragen. Ich tue es trotzdem, mit Mut, für die Leser. Was ist mit der Qualität Mitgefühl für den Zustand von einem Gegenüber oder vielleicht auch mal für sich selbst?

Wenn du Mitgefühl hast für *Gegen-über* ... hmm...

Ein anderes Sein.

...dann erkennst du die Öffnung deines Seins, die reflektiert wird. Das ist Assimilation, Vereinigung entsteht. Mitgefühl für dich selbst ist dann nicht mehr nötig. Erkenne.

Michael wollte wissen, ob das was du in der oberen Skizze auf Seite 92 aufgezeichnet hast, die Energiephalanx des Obelisken von Atlantis ist?

Das ist ein Baustein des Lebens. Dieser Baustein ist überall im Universum. Der Baustein des Lebens ist die Merkabah des Lebens und ebenso auch ein Baustein des Obelisken.

Wie leben wir in der Zeit des Übergangs in der Gemeinschaft mit Menschen, die ihre Schilde noch nicht losgelassen haben?

Freudvoll. Widerstand wird durch Linearität erzeugt. Es gibt keinen Unterschied mehr, wenn du den Schild abgelegt hast. Du definierst den Schild eines anderen nicht mehr. Du definierst seinen göttlichen Kern, du umarmst seine göttliche Fülle und gibst ihm so den Mut, seinen Schild loszulassen. Dann assimilierst du. Erkennt die Kraft.

Was ist dann z.B. mit der Definition von Besitz?

Du wirst Besitz nicht mehr definieren. Alles, was du assimilierst, wirst du weitergeben und teilen. Die Schildmenschen werden dann denken, daß du nicht normal bist. Doch viele werden plötzlich nicht normal sein. Sie werden sich zusammenfinden, sich assimilieren und so wie Pilze infizieren. Erkennt, es ist nicht so wie in der Linearität, der Pilz befällt nicht gesundes Leben und zerstört es. Ein Pilz befällt heiles Gewebe nicht mehr, ein Pilz befällt krankes Gewebe und heilt es. So wird es sein und so wird sich die fünfdimensionale Energie unter euch verbreiten.

Es scheint uns noch, als bedeute die Aufgabe der Schilde Verzicht? Wie können wir besser damit umgehen?

Es ist ein bewußter Willensakt. „Schraubt“ nicht an euren Emotionen herum und stärkt damit eure Schilde, legt sie ab, werft sie nieder, laßt sie einfach los. Auf dieser Erde gibt es Gravitation! Die Erdanziehung gilt auch für die Energie der Schilde.

Kann man den Schild nicht einschmelzen?

Das ist eine zu hohe Energieladung. Würdest du mit Atombomben Schnecken vertilgen? Erkennt. Begreift. Energie ist in Balance, im Gleichgewicht. Deshalb erkennt, daß der Verstand ein wichtiges Instrument ist. Legt die Schilde ab! Trefft die Entscheidung! Das sorgt für *Ent-täuschung* im Emotionalfeld! Es bedeutet: das Ende der Täuschung ist da.

Wie haben sogenannte Minderheiten, Völker wie z.B. Essener, Maori, die Kraft gehabt, trotz der Siegel, mit dem Vertrauen auf das Kollektiv zu leben?

Sie haben nicht wirklich Vertrauen. Sie machen große Kraftanstrengungen. Kraftanstrengung zerstört den Lebensmut. Sie ziehen sich zurück und feiern Rituale, welche ihnen Kraft geben und die Imagination von Einheit erschaffen. Dadurch erzeugen sie eine Energiephalanx, die sie mehr und mehr von Bewußtseinen anderer Ebenen der Menschen abspaltet. Somit werden sie von anderen Schilden ausgegrenzt. Andere Schildmenschen fürchten sich vor diesen Kraftritualen, es entsteht Rebellion, es entsteht Untergrund, es entsteht Putsch. Verstehst du.

Haben diese Gruppen sozusagen einen kollektiven Schild?

Nein, kollektiven Schild kannst du so nicht sagen. Sie haben eine Energiephalanx, die aussagt: Wir sind Maori. Wir sind Polynesier. Wir sind Essener. Diese Phalanx bietet keinen eigenen Schild, aber sie bietet ein großes, großes Schutzfeld. „Aber“ ist ein Begriff der Verneinung, es ist ein Begriff der Erdung.

Heißt das, jedes Mal, wenn ich „aber“ sage, erde ich mich? Ich habe doch vor Jahren einmal geträumt, jedes „aber“ ist Ego!?

Ja, das ist beides richtig.

...aber... wir dachten, wir sollten uns diese „aber“ abgewöhnen. Heißt das nun, jedes „aber“ verbindet uns mit der Erde?

Ja, das ist richtig. Das Ego verbindet dich mit der Erde. „Aber“ in dir verneint den kosmischen Auftrag, verneint das kosmische Bewußtsein. „Aber“ hält dich wie ein Magnet an die Erde gebunden. Es kann Menschen, die in sich sehr von Zweifeln oder Kritiksucht zernagt sind, helfen, so daß sie über den Begriff „aber" dennoch zur Wahrheit kommen. Denn dieses „aber" erdet sie so stark, daß Gaia, als Tochter der Shekinah, durch den Begriff der Erdung Bewußtsein schulen kann. Beobachte einmal, daß Menschen, die nicht sehr gut geerdet sind, häufig den Begriff „aber" benützen, das ist wie Menschen, die viel trinken. Daran erkennt ihr, dass sie durstig sind. Je mehr sie trinken, desto durstiger sind sie. Je häufiger ein Mensch den Begriff „aber" benutzt, desto weniger ist er geerdet. Ihr habt die Realität, daß Steine kalt sind. Ihr habt auch die Realität, daß Steine heiß sind, fasse einmal einen frischen Lavabrocken an. Bitte, es ist ein Versuch der Logik, die Transzendenz des Geistes zu verstehen. Und „aber" ist der Ausdruck dafür.

Doch nun erkennt, es gibt Kollektivschilde, jedoch in einem anderen Sinn, als du es vorher definiertest. Territorien, Länder, Grenzen sind Kollektivschilde. Es ist jedoch eine Menschheit, erkennt, begreift. Es geht nicht um Länder, nicht um Städte, es ist eine Menschheit, egal ob du Deutscher oder ob du Belgier bist, es ist eine Menschheit. Es ist wichtig, dieses zu begreifen, wichtig, dieses zu erkennen, wenn die Siegel außerhalb eurer Atmosphäre errichtet sind; ich erklärte euch den Grund; wenn die Siegel im magnetischen Feld schwingen, wird die Menschheit eine Sprache entwickeln. Dann werden auch in den Köpfen die Grenzen fallen. Bitte lernt, erkennt und begreift das. Hört auf zu sagen, ich bin aus diesem Land, und ich bin aus jenem Land. Lernt von euren Urvätern, sie verschmolzen zu Einem und erschufen den Menschen. Der Mensch ist das Symbol der Einheit, nicht der Trennung.

Hast du ein paar Tips, wie wir das Vertrauen in uns selbst verstärken, bzw. erzeugen können?

Ich erkenne die Schwingungsphalanx „Tips" nicht, ich werde mich daher beraten.

Und so entstand eine Pause, in der Elyah sich zur Beratung zurückzog.

Elyah weiß nun, was „Tip" ist. „Tip" ist ein Wort der Kraftlenkung und bedeutet "gegen etwas tippen". Bitte seid achtsam mit dieser Wortschwingung. Hinweis ist ein gutes Wort. Ich gebe euch eine Hilfestellung, das Wort „Tip" macht den anderen klein! Erkenne. Begreife.

Das Themenfeld, nach dem du hier fragst, ist morgen wichtig. Bitte stelle die Frage erneut bei Kapitel 5.

Welche Qualität kann ich jetzt gezielt bewußt einsetzen, um den Schild aufzulösen?

Du kannst lernen und die Kraftlenkungen gebrauchen: Assimiliere in Liebe das alte Wissen, erkenne und verquicke es mit dem neuem Wissen. Eine wichtige Frage bildet auch die Qualität des Rufens nach Freiheit. Freiheit ist eine große Energiephalanx, die euch hilft, die Siegel aus der DNS herauszutransportieren. Das Sehnen nach Freiheit ist wichtig für euch, es holt die Christuspräsenz zu Hilfe.

Erkläre uns bitte noch den Begriff „Merkabah".

Eine Merkabah ist ein Bauplan, ein Baugrundstein wie ein Atom, des kosmischen Bewußtseins. Das Atom ist eines der kleinsten Bausteine der Materie. Die Merkabah ist der kleinste Baustein des Geistes. Sie ist quasi das Atom des Bewußtseins. Eine Merkabah ist ein Kraftfeld, ein eigenes Schwingungsfeld, das sich um jede Materie bildet. Diese Energiekräfte sorgen dafür, daß z.B. Elektronen um einen Kern kreisen. Die Kraft, die sie kreisen läßt, ist einmal die Kraft der Gravitation und zum zweiten, die Kraft der Merkabah des Bewußtseins. Und dieses ist ein Zusammenspiel. Jede Materie bildet Merkaben aus. Auch die Aura ist eine Form der Merkabah.

Das heißt nicht jede Merkabah besteht aus Dreiecken?

Doch. Diese Dreiecksform ist eine Grundform des Bewußtseins im Universum der Dualität. Das ist genauso wie ein Stein, der ins Wasser fällt und Kreisformen bildet, so bildet Materie feinstofflich Dreiecksformen.

Warum sehen hellsichtige Menschen die Aura dann als rund bzw. eiförmig?

Weil die Merkaben, die die Aura bilden, sich wie einzelne Atome zusammensetzen, die dann ein gesamtes kreisrundes oder ovales Bild um den ganzen Körper herum bilden. Wenn die Seher dann tiefer in die Aura hineingehen und sich einen Aspekt anschauen, werden sie erkennen, daß es dreieckig wird. Das ist dann die Feinheit in der Schwingung und sie können mehr und mehr in die Bausteine der Aura hineinsehen. Das ist auch die Möglichkeit, wie sich eine Fremdenergie in der Aura sammeln kann. Sie wird durch die Zackenformation der Merkabah förmlich gehalten.

Vielen Dank, das ist eine sehr einleuchtende Erklärung. Danke Elyah, das waren unsere Fragen.

Ein Teil unserer Gruppe war weggefahren, um etwas zu besorgen, und Elyah meditierte jeden Abend mit uns, indem sie eine Kommunion für uns sang. Mittlerweile war es schon 22:00 Uhr und wir waren müde. Wir fragten sie: Könntest du die Kommunion nicht doch machen und wir nehmen die anderen energetisch mit hinein?

Nein.

Mein Körper wird langsam müde.

Mein Körper nicht, denn der IST.

Aber der Körper von Michael.

Verstehe. Doch Einheit ist wichtig, ich singe zu Menschen. Er ist Materie, sie sind auch Materie. Heilung soll gerade jetzt geschehen.

Nachdem dann alle wieder vereint waren, meldete sich Elyah erneut.

Elyah erkennt, alle Energiesysteme sind da. Sehr gut! Wir haben uns mit der Ebene von Sirius beraten. Der Hohe Rat hat großes Wissen von Materie. Die Energie kann nicht aufgenommen werden, wenn ihr müde seid. Die große Beschäftigung eures Verstandes macht euch müde. Elyah wird singen, wir haben uns mit Sirius beraten. Die Kommunion wird 5 Stunden dauern. Elyah singt still in der Nacht, sie wird euch mit Tüchern und Gesang zudecken. Ihr werdet schlafen wie Babys im Nest und Elyah wird singen und aufpassen. Das Sicherheitssiegel ist nun mit Bedürfnisbefriedigung erfüllt. Habt eine gute Nacht. Schlafen ist wichtig. Ich erkenne. Wir treffen uns morgen wieder. Ich sage 10:30 Uhr.

Michael möchte auch schlafen?

Nein, das ist nicht so wichtig wie sein System denkt. Wenn ich ganz mit ihm verschmolzen bin, wird er mit 3 Stunden ausreichend geschlafen haben.
Gute Nacht.

V

LIEBE UND PARTNERSCHAFT — SCHILDE IN ZWISCHENMENSCHLICHEN BEZIEHUNGEN

DAS PARADIGMA DER NEUEN ZEIT HEIẞT: NICHT-SCHILDMENSCH UND SCHILDMENSCH TREFFEN SICH, UM LIEBE ZU SPIELEN. MENSCHEN TREFFEN SICH, UM LIEBE ZU SEIN.

Elyah wünscht einen schönen Morgen dieser Halbkugel eurer Erde. Eine gute Nacht wünschen wir der anderen Hälfte der Dualität.

Elyah möchte in diesem Kapitel über Liebesbeziehungen sprechen. Liebe ist nicht allein hormonell bedingt. Erkennt, in der neuen Zeit wird folgendes geschehen: Mein Mitgefühl hilft dir und bereitet dich vor, deinen Schild vor mir abzulegen. Wir helfen einander unsere Schilde abzulegen. Dann entsteht Einheit und Verschmelzung. Dann sind wir EinSein. Dann rufen wir nicht mehr: Wo ist meine Dualseele? Dann findet das Ich die Qualität im Gegenüber.

Menschen, die sich treffen, sind wie die Erde, es gibt eine Nachtseite und eine Tagseite. Dies geschieht immer im Wechsel, und ihr nennt das Zyklus. Es ist wichtig zu begreifen, daß der Mann nicht immer dynamisch und die Frau nicht immer rezeptiv ist. Es wechselt, mal ist der Mann rezeptiv, mal die Frau dynamisch. Zu sagen, der Mann ist immer dynamisch, bedeutet den Schild zu polieren und eine Struktur aufrecht zu erhalten, die nicht wirklich ist. Beide Geschlechter tragen alles in sich. Laßt euch nicht irreführen durch das XX- und das XY-Chromosom. Es ist nur ein Chromosom-Unterschied, mehr ist es nicht. Die ganze Gemeinschaft der Chromosomen bildet das Wissen und die Bestandteile des menschlichen Seins. Es liegt an den Botenstoffen und an den 4 Buchstaben der DNS; diese basischen Bausteine heißen: Adenin, Thymin, Guanin, Cytosin. Erkennt, beim kosmischen Menschen sind es 66 Buchstaben der DNS. Wisset, jedes einzelne Chromosom wird der Repräsentant einer Sternenrasse sein. Das ist die Verschmelzung allen Seins, dann ist der kosmische Mensch geboren. Ich möchte eine Geschichte aus den Tagen von Gaia erzählen. Es ist von Bedeutung, daß ihr diese Geschichte versteht, denn heute geht es um die Zwischenmenschlichkeit. Erkennt. Begreift.

Als die Trennung war und als der große Schrei auf der Erde erscholl, breitete sich Enttäuschung und Wut über das Leben aus. Das Urvertrauen in die liebende Kraft der Sterne war gebrochen. Männer und Frauen fühlten sich nun alleine und getrennt. Sie hatten ihr Nest verloren und fühlten sich wie ein junger Vogel, der aus dem Nest gefallen ist. Erkennt. Begreift. Es gab von jetzt an keine Rückkehrmöglichkeit in die Einheit mehr. Das Nest war nicht mehr da. So haben sich Mann und Frau aneinander geklammert und haben versucht, Einheit zu bilden. Die körperliche Vereinigung ist ein Sinnbild dafür. Doch diese wird durch die Kraft von Hormonen gesteuert, und das ist ein Lebensinstinkt. Der kosmische Mensch hat keinen Instinkt, er ist sich Allem-Was-Ist bewußt, und er handelt nicht aus dem Trieb heraus. Achtet darauf, lernt und begreift, Triebe verstärken die Schilde, sie verkürzen den Handlungsrahmen, Triebe wollen herrschen. Erkennt den Begriff: Triebtäter, er wird von Hormonen, vom Instinkt beherrscht. Lernt. Begreift.

Verschmelzung ist für Schildmenschen nicht möglich. Es geht nicht, es erzeugt eine starke Sehnsucht. Die Form der Paarbeziehung, wie ihr sie in eurer Zeit kennt, ist nicht besonders alt, ungefähr 3000 bis 4000 Jahre, das ist nicht viel in der Zeitepoche eurer Evolution. Die Paarbindung von Mann und Frau entstand aus dem großem Sehnen heraus, Einheit herzustellen. Erkennt. Begreift. Vorher lebtet ihr in Horden, in Stämmen, in Gruppen. In dieser Zeit hattet ihr noch die Erinnerung an die Einheit. Die Erinnerung, nicht das Sein. Nun suchtet ihr, die Erinnerung festzuhalten, indem sich ein Mann und eine Frau in einer Paarbeziehung verbanden. Paarbeziehung ist ein Ausdruck großer Sehnsucht nach Einheit. Die Horden und Stämme hatten weniger Sehnsucht. Erkennt. Diese Energie verdichtete sich im Lauf der Evolution und der Antrieb ist der Blitz von Madokh, der die „Einheit“ wieder herstellen möchte, der nicht mehr in Horden leben möchte, sondern in der Zweisamkeit. Dadurch erkennt ihr nicht, was geschieht.

Moment mal, bedeutet das, der Mißbrauch durch den Blitz von Madokh liegt in der Paarbeziehung?

Der Mißbrauch kann in einer Paarbeziehung liegen, muß aber nicht in einer Paarbeziehung liegen, sondern es geht darum, daß der

Mensch immer mehr nach der Einheit strebt, deshalb ging der Mensch von der Horde in die Paarbeziehungen hinein. Nun sind die Menschen in den Paarbeziehungen jedoch auch weitestgehend unglücklich, weil sie bemerken, daß die letztendliche Verschmelzung nicht stattfinden kann und das ist die Ursache des Blitzes von Madokh.

Das ist mir schon klar, aber bedeutet das, daß die Einheit nur über die Verschmelzung im Kollektiv stattfindet?

Richtig.

Und was bedeutet das für einzelne, persönliche Menschen?

Einzelne, persönliche Menschen werden als kosmische Menschen nicht mehr sein. Das bedeutet, sie werden sich als Kollektivwesen definieren und das eigene Ego existiert nicht mehr. Es ist der Aufruf zur freien Möglichkeit ohne Bewertung und ohne Zensur. Es ist eine Möglichkeit, eine Option. Wer die traditionelle Form weiter leben möchte, kann das gerne tun.

Doch Elyah erklärt euch heute, was geschieht. Erkennt. Begreift.

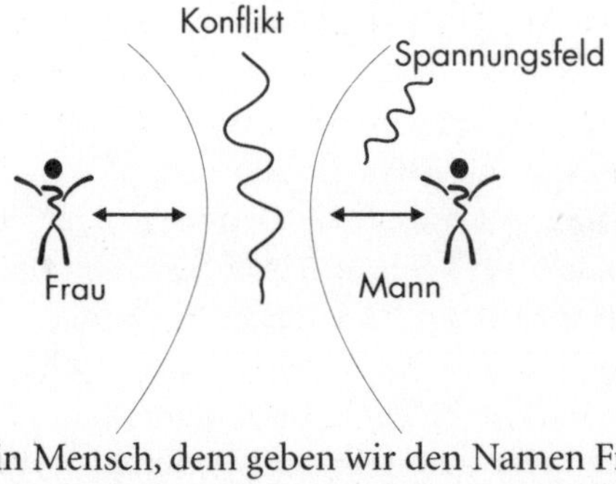

Elyah malt: Ein Mensch, dem geben wir den Namen Frau. Noch ein Mensch, dem geben wir den Namen Mann. Die Schilde trennen sie. Erkennt. Begreift.

Nun beginnt der Energieaustausch. Im Mann ist ein göttlicher Kern und in der Frau ebenso, beide strahlen diese Energie der Einheit aus. Sie reflektiert sich und bricht sich im Schild, dadurch wird sie zurückgespiegelt auf den Mann. Es entsteht ein großes Spannungsfeld, was die Einsamkeit stärkt. Der Mann möchte die Einsamkeit nicht spüren und macht seinen Schild dichter. Der Mensch denkt, die Einsamkeit kommt von außen, nein, die Einsamkeit kommt von innen, durch die Reflexion der Energie. Deshalb entsteht die große Spannung, deshalb versucht er, sich mit der Frau zu verbinden. Die Frau ist ebenfalls im Schild, sie erlebt ebenfalls eine große Spannung. Die Frau ist auch einsam, auch sie denkt, die Einsamkeit kommt von ihrem Partner. Nein, es ist das gleiche Prinzip. Erkennt, es gibt keinen Unterschied. Sie kommen zusammen, beide sind einsam und möchten verschmelzen. Die Hormone schütten Drogen aus, ihr nennt sie Endorphine. Das Endorphin sagt, Einheit ist möglich. Irrtum! Die Energie von Einheit die möglich ist, nennt ihr Liebe. Doch diese Art der Liebe ist eine Fiktion, lediglich die Möglichkeit von Einheit besteht, jedoch es ist nicht wirklich LiebeSein. Die Schilde trennen dies, machen dies unmöglich. **Liebe ist durchdringen können**. Ihr könnt die Schilde nicht durchdringen, es ist noch nicht möglich. Die lange Erfahrung von Getrennt-Sein baute diesen Schild auf. Erkennt und begreift.

Elyahs Worte berührten uns tief und einige begannen zu weinen.

Bitte produziert keine Welle. Eure Welle produziert sich aus der Erfahrung von Verliebtsein und Liebe eurer Definition, bitte erschreckt jetzt nicht und gebraucht euren Verstand. Es ist für das Buch wichtig, daß ihr jetzt nicht in die Energie der großen Welle, in die Energie der großen Schmerzen und der großen Tränen geht. Jetzt ist nicht die Zeit des Weinens, jetzt ist die Zeit des Lernens. Erkennt, begreift.

Elyahs wichtige Botschaft lautet: Menschen, wacht auf. Versteht ihr? Elyah wischt euch den Schlaf aus den Augen und holt einen kalten Waschlappen. Bitte erschreckt nicht. Es ist wichtig, hier zu erkennen, daß ich eure Liebesbeziehungen nicht zerstören will. Ich erkläre euch, was geschieht, und zeige euch die Möglichkeit, euch wahrhaft zu begegnen. Also: **Erkennen steht vor Begegnung. Wahrnehmen steht vor Durchdringung.** Erkennt. Begreift. Liebe ist nicht vorbei, Liebe ist möglich, jedoch noch ein großes Problem.

Der Schild ist eine Kugel. Erkenne, du kommst nicht an den Schilden vorbei, deine Energie schießt am Anderen vorbei in ein anderes Universum. Der Schild ist wie eine Sonne, es reflektiert seine Strahlen und erzeugt große Fusion im Inneren des Schildes. Das Innere des Schildes ist der Mensch. Strahlen sind Schwingungen. Elyah wird es erklären. Begreift. Spürt hinein in euch, in eure Energie. Elyah spielt:

dies gehört diesem Körper! *(und hier nahm sie mir einen der Malstifte aus der Hand)* Elyah spielt Individuum und ihr freut euch. Erkennt ihr, wie sehr ihr in Spiegeln seid, erkennt ihr, wie stark die Schilde sind. Das Individuum freut euch, nicht das Kollektiv. Nicht Einheit freut euch, sondern Besonderheit. Erkennt. Begreift.

Nun habt ihr eine große Erkenntnis, und die Betroffenheit schüttelt euch. Du erkennst nun ein wichtiges Prinzip: die Zerstörung deines göttlichen Kerns durch deinen Schild. Betroffenheit schüttelt dich. Du wirst geschüttelt, und nun spüre und erkenne: dieses Schütteln ist nicht Leben! Dieses Schütteln ist Zerstörung. Es ist ein Rütteln, ein Zerbrechen, ein Auflösen, es ist nicht Assimilation. Dein Schild ist so stark, daß du dich freust, wenn du geschüttelt bist. Erkenne. Begreife. Lege diesen Schild ab, denn dieser Schild zerstört. Dein göttliches Prinzip ist: ausdehnen, ausweiten, verbinden, Eins werden, jedoch nicht schütteln. Bitte denkt holistisch.

In euren Paarbeziehungen strengt ihr euch an, ihr bemüht euch, doch erkennt, Anstrengungsenergie verstärkt den Schild. Du ziehst dich zusammen, wirst enger und enger, und dann strengst du dich noch mehr an. Du greifst auf Erlerntes aus den verschiedenen philosophischen Schulen zurück, du beginnst Muster zu lösen, du strengst dich emotional und mental immer mehr an. Das Ergebnis ist: es wird enger um dich herum, nicht weiter. Erkennt. Begreift. Die Wege verschiedener Philosophien machen den Schild eng. Begreift.

Elyah möchte mit einer anderen Farbe malen.

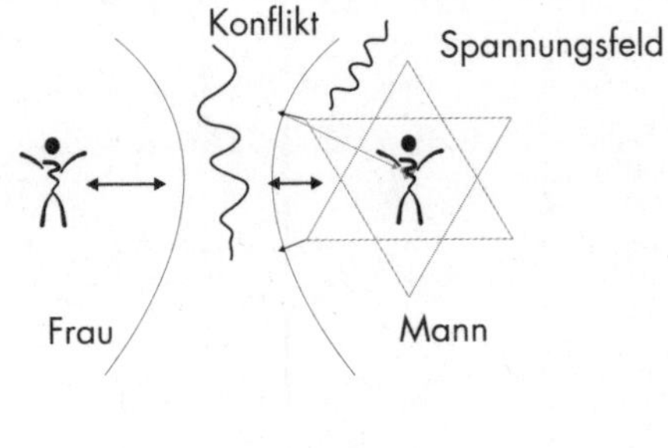

Eure Form ist energetisch eine Merkabah, das wißt ihr bereits. Die Merkabah dreht sich rechts herum, der Schild dreht sich links herum.

Die Spitzen der Merkabah sind wie scharfe Schwerter, sie stechen in den Schild hinein und es entsteht Schmerz. Dieser Schmerz reflektiert sich auf den göttlichen Kern, der göttliche Kern möchte assimilieren. Er verschmilzt mit dem Schmerz und so entstehen Schuldgefühle. Du sagst dir in deiner Einsamkeit, ich muß mein Schuldgefühl heilen. Doch erkennt, eine Begegnung ist nicht möglich. Schuldgefühl ist Fiktion. Dadurch stärkt sich deine Einsamkeit, die Rotation deiner Merkabah wird schneller, wieder sticht die Merkabah in deinen Schild, wieder entsteht Schmerz. Erkennt den Kreislauf. Das ist nicht der Kreislauf des Lebens. Das ist der Kreislauf des Kleinhaltens und der Zerstörung, des Nicht-Erkennen-Könnens der göttlichen Natur, des Nicht-Erkennen-Könnens der kosmischen Berufung.

Darum sage ich, **die alte Form von Paarbeziehung ist die Verstärkung von Schuldgefühlen.** Erkennt. Begreift. Es ist nicht Liebe, es ist die Fiktion von Liebe, die Schuldgefühle erschafft.

Wir begannen in der Gruppe über unsere Erkenntnis, daß Liebe im Schild nicht möglich ist, zu sprechen, als Elyah sich wieder meldete.

Elyah hilft euch zu verstehen. Schuldgefühle entstehen in beiden Schildmenschen, es entsteht ein Spannungsfeld zwischen den Schilden. Ihr nennt das Konflikt. Erkennt. Begreift. Zuerst kommen die Endorphine und mit ihnen der Trieb. Er läßt dich sagen: du bist einzig, ich will mit dir verschmelzen. In dieser Zeit habt ihr Schmetterlinge im Bauch, wie ihr es nennt. Doch die Endorphine in Verbindung mit anderen Hormonen erzeugen dieses Gefühl. Wichtige Hormone sind Adrenalin, Gestagen, Östrogen, Testosteron, Atrophin, sie alle zusammen erzeugen eine Schwingungsphalanx, die ihr Verliebtheit nennt. Ihr denkt, es handelt sich um eine spirituelle Kraft und ihr habt Recht, wenn der Trieb nicht da ist. Der Trieb nimmt die Kraft der Hormone auf, und setzt sie in Lust auf körperliche Vereinigung um. Erkennt. Begreift. Wenn der Hormonspiegel sinkt, wird der Spannungsbogen des Konfliktes erfahren. Die Schilde strahlen sich ab, Einsamkeit entsteht, dadurch werden die Schilde verstärkt, und es entfaltet sich Einsamkeit trotz Zweisamkeit. Nun wird der Spannungsbogen stärker, ihr beginnt gemeinsam etwas zu errichten, um den Konflikt abzubauen. Eine Errichtung kann ein Kind, ein Haus, eine Karriere sein. Alles kann Errichtung sein. Der einsame Mann und die einsame Frau sagen dann: Das haben wir geschaffen.

Der Konflikt wurde vorübergehend assimiliert. Dieses „vorübergehend" kann 50 Jahre dauern. Aus unserer Warte ist das vorübergehend. Die Frau träumt von einer neuen Einheit, der Mann träumt von einer neuen Einheit. Die Frau denkt, daß der große, schöne, muskulöse Mann sie befreit. Der Mann denkt, die vollbusige, schöne, junge Frau versteht mich. Erkennt. Begreift. Diese Fiktionswelten entstehen in den Schilden. Es sind Pre-Universen, hinter denen große Kraft steckt. Denn diese Pre-Universen bilden das Bewußtsein von Erfahrungen. Dieses Pre-Universum nennt ihr Ku, nennt ihr Emotionalkörper. Erkennt. Begreift.

Verdaut dieses Bild. Elyah lernt, Verdauung ist wichtig für die Menschen. Also Elyah fragt, habt ihr das Bild verdaut?

Ja.

Gut, seid ihr nun bereit für das nächste Bild. Ich entwerfe eine vereinfachte Grafik.

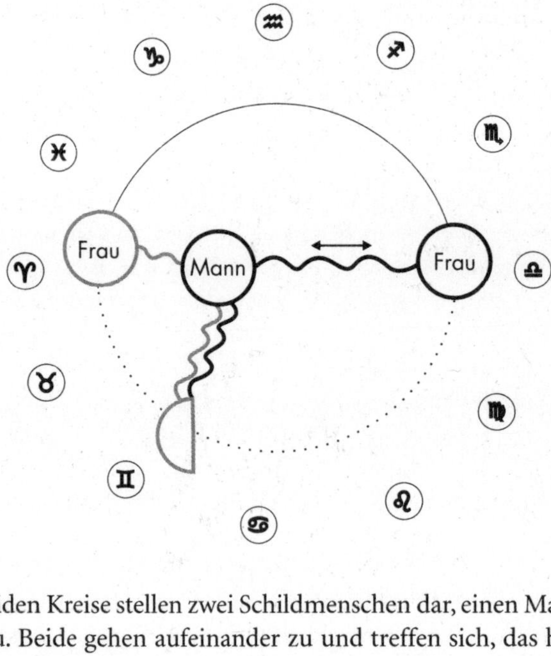

Die beiden Kreise stellen zwei Schildmenschen dar, einen Mann und eine Frau. Beide gehen aufeinander zu und treffen sich, das habe ich im vorangehenden Bild sehr genau erklärt. Erkenne, ich male runde

Sterne oder Planeten um die beiden Schildmenschen herum. Es entsteht ein Spannungsfeld, z.B. das Spannungsfeld der Tierkreiszeichen.

Eine Möglichkeit habe ich im vorangegangenen Bild erklärt: Jeder bleibt allein. Eine andere Möglichkeit erkläre ich in diesem Bild: zwischen den Schilden entsteht eine Energiephalanx. Ihr nennt diese Energie: Abhängigkeit. **Abhängigkeit ist die Tochter der Illusion, genannt Liebe.**

Mann und Frau senden Energiephalangen aus. Die Frau sagt, ich tue alles, damit der Mann bei mir bleibt. So spüre ich die Einsamkeit nicht so stark. Abhängigkeit ist steigerbar, je stärker die Energiephalanx wird. Hörigkeit entwickelt sich und erzeugt die Illusion von Liebe. Erkennt. Begreift.

So beginnt die Frau wie der Mond um die Erde zu wandern. Erkennt. Wenn sie an der Stelle des Halbmondes ist, zweifelt die Frau an der Energiephalanx, sie zweifelt an der Liebe. Die Frau will aus der Umlaufbahn ausbrechen. Dadurch sendet die Frau eine Schwingung aus, sie verstärkt die Signale und ein Ungleichgewicht entsteht. Der Planet des Mannes empfängt die Signale und verstärkt sie. So entsteht ein neuer Mond, in dem sich eine Frau befindet, die wieder voll in Verbindung mit dem Mann ist. Erkennt. Begreift dieses Bild. Hörigkeit ist die Illusion von Liebe. Abhängigkeit entspricht der Illusion von Liebe. Erkennt. Begreift.

Dies ist nun wichtig für die Astrologen. Elyah hat Sternbilder als Kreise um die Schildmenschen herum gemalt. Die von der Frau gesendete Welle wird z.B. vom Zeichen Zwilling aufgenommen. Zwilling kann sich nicht entscheiden, also kann die Frau sich nicht entscheiden. Es ist die Qualität, die auf die Frau ausstrahlt, die das Signal verstärkt. Dabei ist es egal, ob sie unter dem Zeichen Zwilling geboren ist. Deshalb sind Geburtshoroskope nicht prägend. Die Energie ist immer wieder veränderbar durch die Frau. Würde sie die Energiephalanx auf Widder ausstrahlen, würde sie die Umlaufbahn verlassen können. Erkennt. Begreift. Widder verstärkt, Widder gibt ein Ziel. Nicht die Planeten sind hier wichtig, wichtig ist das ganze Konstrukt. Darin steckt eine große Kraft. Astrologie ist Sternenwissen, bitte erweitert es. Nicht die Sterne beeinflussen den Menschen, sondern der Mensch beeinflußt die Sterne, denn er ist Christuspräsenz und somit erschaffendes Prinzip. Er ruft um Hilfe, und die Sterne geben Antworten in

Form von Schwingung. Erkenne. Begreift. Nicht der Herrscher des astrologischen Hauses bestimmt über den Mensch, sondern umgekehrt ist die Beeinflussung. In diesem Erkennen erweitert sich die Astrologie. Erkenne. Begreife.

Die Frau möchte die Umlaufbahn nicht wirklich verlassen, sie möchte die Illusion erhalten. Sie ist unglücklich mit dem Halbmondzustand, sie weiß es nur nicht, darum bittet sie um Hilfe, sie bittet den Mann, die Hörigkeit zu verstärken, damit sie in die Position des Widders gehen kann, um sich ein Ziel zu setzen, um den Mann zu verlassen. Erkenne. Begreife.

Wir versuchten Elyahs Beispiel zu durchdringen und sprachen über das, was wir verstanden hatten.

Eure Gehirne sind sehr angestrengt. Das Bild kann auch umgekehrt sein. Dieses Bild hat nichts mit Täter und Opfer zu tun. Täter und Opfer sind das gleiche Prinzip. Erkenne. Begreift. Wenn das Opfer sich nicht genügend als Opfer fühlt, sendet es ein verstärktes Signal zum Täter aus. Diese Phalanx kann zum Beispiel sein: hau drauf! Der Täter tut es, das Opfer fühlt sich voll und ist zufrieden. Erkennt. Begreift.

Klärt die Ellipse für das folgende Bild. Elyah erklärt und sucht Linearität zu erzeugen.

Ein wichtiges Wissen in Paarbeziehungen ist der Strom des Lebens. Elyah nennt den Lebensstrom: Arterie. Der Lebensstrom ist voller Schildmenschen. Erkennt. Begreift. Es ist nicht im Gleichgewicht, denn die Illusion der Liebe ist hormonell gesteuert und baut ein großes Energiefeld namens SUCHE auf.

Der Mann sucht eine Frau, er findet keine Befriedigung, er sucht eine andere Frau, er findet keine Befriedigung, dann sucht er einen anderen Mann, auch hier findet er keine Befriedigung. Sein Schild wird stärker und stärker. Alle Schilde werden immer stärker und stärker, die Arterie verstopft und es kommt zum Infarkt. Häufig wechselnde Paarbeziehungen sind ein lebensvernichtendes Prinzip. Erkennt. Begreift. Die Erfahrungen alter Beziehungen sind gespeichert und machen die Schilde dicker. Irgendwann bleibt dann das Herz des Lebens stehen. Erkennt. Begreift. Häufige Beziehungen verstärken Schilde. Sie verstopfen die Arterie des Lebens und bringen den Tod. Die Zelle erstickt im Inneren, sie verklumpt, bis sie keine Lebensenergie mehr transportieren und aufnehmen kann. Das ist die Folge der Siegelungen eurer DNS. Erkennt. Begreift. Versteht. Paarbeziehungen sind wirklich einfach, seht ihr. Ihr sagt nun, Elyah macht einen Witz. Doch bitte vergeßt nicht, wie wichtig es für euch alle ist zu erkennen, wo verstärke ich meinen Schild in meinen „Unziehungen", wie ich sie nennen möchte, in meinen Schildbeziehungen. Es wird kein Bezug hergestellt, ein Umzug wird hergestellt, ein Zerren von Energiephalangen, nicht **Be**- sondern **Kontra**ziehungen. Erkennt. Begreift.

In der nun folgenden Pause verarbeiteten wir die uns gegebenen Erkenntnisse. Wir sprachen auch über die Aufträge und sogenannten karmischen Beziehungen, mit denen wir uns in unserer therapeutischen Arbeit oft auseinandersetzten. Unser so sicher gehütetes philosophisches Weltbild wurde erschüttert, doch wir begannen langsam zu begreifen. Inmitten unseres Gespräches meldete sich Elyah wieder:

Begreift, ein gleicher Auftrag gründet sich auf gleichen Pre-Universen, hier habt ihr gleiche Emotionalfelder, die lediglich in unterschiedlicher Ladung schwingen. Unterschiedliche Ladung zieht sich an und tauscht sich aus, sie möchte ein Feld der Neutralisation herstellen. Das Feld der Neutralisation nennt ihr den Auftrag der Seele und somit erschafft ihr neu. Aus alt macht neu, aus Rück*(führung)* wird Hin*(führung)*. Erkennt. Begreift.

Elyah hatte uns schon gesagt, daß wir mit den Rückführungen aufhören sollten, denn trotz aller genauen Auflösung, die ohne Zweifel sehr wichtig ist, blieben die Informationen dennoch in den Zellen. Sie wollte uns eine neue Form geben, die sie Hinführung nennen möchte, „Hin zur Einheit". Für mein Schild und das meiner Freundin, wir sind beide auch Rückführungstherapeutinnen und liebten diese Arbeit sehr, war das gar nicht einfach anzunehmen.

Das Spiel eurer Schilde ist für euch wichtig, denn es macht euch Freude. Freude ist eine gute Energie. Freude überdeckt den Schmerz, läßt euch den Schmerz nicht empfinden. Freude ist eine Form von Aspirin.

Elyah braucht Farbe um euch zu erklären, was *BE-Greifen* meint:

Du hast einen großen Verstand. Der Verstand ist im Kopf, das Organ nennst du Gehirn. Die Christuspräsenz durchwirkt alles, Christuspräsenz ermöglicht alles, Christuspräsenz ist eine große Macht in Verbindung. Das Emotionalsein sitzt hier in der Lebensmitte, im Bauch, dort ist auch die Christuspräsenz. Du bist in deinem Schild und erfüllt von Christuspräsenz, so spiegelt sich die Christuspräsenz in deinem Schild und erzeugt Einsamkeit. Erkenne. Begreife. **Wenn du die Trennung von Verstand und Gefühl verbindest, entsteht ein Fokus, entsteht Durchdringung, entsteht Begreifen.** Dann kannst du deinen Schild durchdringen, das ist die einzige Möglichkeit, Durchdringung ist Begreifen. Es bedeutet Anfassen, Be-greifen. Es bedeutet nicht, sich vom Kopf zu trennen und nur den Bauch leben zu lassen. Das Kraftfeld zwischen Kopf und Bauch ist wichtig und ihr nennt es Symbiose. Wichtig, nicht das Trennen, das Verbinden erzeugt die Möglichkeit der Durchdringung. Trennung ist Illusion. Erkennt. Begreift. Verstehe nun, du mußt an diesem Ort bleiben, weil Kopf und Bauch dir das sagen. Durchdringe nun den Schild. Begreife die Kraft zwischen der Wesenheit deines Partners und dir. Erkenne. Begreife. Dein Partner ist nicht böse.

Erkennt, wie neugierig ihr auf das nächste Bild seid. Ich habe eine Überraschung für euch. Dieses Bild hat zwei Teile. Fangen wir an mit Teil 1. Ich male nun ein wichtiges Konstrukt. Ich habe abgeguckt, ich habe einen wichtigen Begriff *(d.h. „Lernfeld")* in der Universität Freiburg gesucht. Im philosophischen Zweig befinden sich sehr interessante Schriften, ihr solltet diesen Fachbereich besuchen. Hier ist viel Wissen über die Schilde verankert.

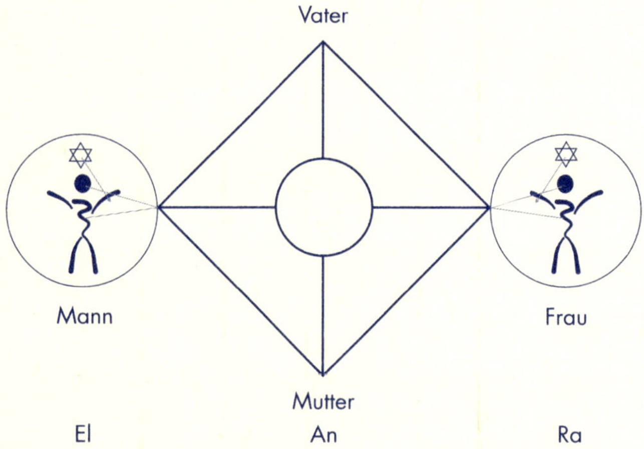

Elyah fängt immer mit dem Mensch an, weil der Mensch wichtig ist. Der Mensch hat einen Schild, der andere Mensch hat auch einen Schild, einen Menschen nennen wir Mann, den anderen nennen wir Frau. Erkennt. Begreift. Den vollkommenen Ausdruck der Christuspräsenz habe ich schon erklärt, als ich *Be-greifen* erklärte. Malen wir einen Stern, ihr nennt den Stern das Hohe Selbst. Das Hohe Selbst ist wichtig für den Kontakt. Erkennt. Begreift. Ich erkläre euch nun den Weg der Durchdringung der Schilde. Ich erkläre euch das Errichten von Partnerschaften. Ich muß allerdings sagen, es ist ein Hilfskonstrukt und gilt bis 2012. Erkennt. Begreift. Im zweiten Teil des Bildes konstruiere ich den Idealfall. Doch jetzt geht es um den Zustand, den ihr jetzt habt. Erkennt. Begreift.

Die Christuspräsenz ist überall. Ihr möchtet euren Partner *be-greifen.* Also verbindet ihr den Verstand und das Gefühl, wie bei *Be-greifen* erklärt.

Verstand und Gefühl bilden einen Punkt aus, der wie eine spitze Nadel den Schild durchdringen kann. Die spitze Nadel entsteht durch die Kraft der Christuspräsenz, die du, von deinem Hohen Selbst aus, in die Verbindungslinien zwischen Kopf und Bauch einspeist. Nun beginnt die Energie zu fließen, ihr könnt *be-greifen.*

Erkennt, wie wichtig es ist, daß ihr versteht, daß ihr göttlicher Funke seid. Daher könnt ihr die Energie eures Hohen Selbstes in das entstehende Begreifen hineinlenken. Die göttliche Energie ist wichtig, nur so könnt ihr euer Gegenüber begreifen. Ihr könnt euer Gegenüber *an-greifen.*

Nun entsteht folgendes Konstrukt. Erkennt. Begreift. Vater-Mutter, El Shaddai und Shekinah, sind die Qualitäten des kosmischen Menschen. Es entsteht ein Konstrukt im Durchdringen der Schilde, ein Konstrukt, welches das Ebenbild der Pyramide von Poseidonis ist. Einst war das Zentrum der Pyramide der Mensch in Einheit, der Mensch in seiner Kraft.

Der so entstandene Zwischenraum ist wichtig für die Begegnung, denn er erschafft die Pyramide von Poseidonis. Die Pyramide war auch ein Schild, wir erkennen, daß der Schild wichtig ist. Die Pyramide von Poseidonis war ein Energieschild, das mit Sternenwissen, mit spiritueller Kraft und mit Materie angereichert war. So errichtet sich eine Phalanx, ein großes Energiegebilde, wo ihr euch hier im Zentrum treffen könnt. Die Energie dazu gibt das Haus Rhubinihus: das gleichschenklige Kreuz ist die Verkürzung der Pyramide von Poseidonis. Erkennt. Begreift.

Klarer Verstand und klares Gefühl werden mit der Göttlichkeit des Hohen Selbstes verbunden. Dies geschieht auf beiden Seiten und fördert die Bereitschaft, sich zu begegnen. Es entsteht ein schmaler Punkt in eurem Schild, hier könnt ihr hindurchflutschen, um euch im Mittelpunkt zu treffen. Hier ist das Schutzsiegel außer Kraft gesetzt, weil der Schutz durch die Energiephalanx der Pyramide von Poseidonis gebildet ist. Das ist ein schlauer Plan von Elyah. Auf diese Weise merkt ihr nicht, daß eure Schilde durchstoßen sind, und die Energie kann fließen. Ich möchte den Raum **Lernfeld der Einheit** nennen. Erkennt. Begreift.

Das Lernfeld der Einheit ist ebenso ein Sinnbild für EL, AN und RA. Erkennt. Begreift. Orion ist der Weg der Materie, ihr seid immer mit Orion verbunden. Orion ist kein böser Schlächter. Bitte denkt das nicht, geht nicht in die Wertung. Es war wichtig, die Geschichte zu leben und diese Erfahrung zu machen. Nun kommt die Zeit des Umkehrschlusses.

Ihr habt genug Erfahrung von Schmerz und Hormonen von Leid und Not gemacht. Jetzt ist es Zeit, in die Einheit zurückzukehren.

Der kosmische Mensch ist das Sinnbild für AN. Daher ist Begegnung möglich. Elyah möchte nun erklären, wie ihr einen klaren Kontakt errichtet. Das ist eine wichtig Frage.

Erste Frage: Bist du bereit, mir zu begegnen? „Bist du bereit, mir zu begegnen?" – meint: Verstand verbunden mit Gefühl gespeist vom Hohen Selbst erlaubt, daß Einheit entsteht. El An Ra steht für Einheit. Elyah fühlt sich wie ein Lehrer an einer Tafel, sie guckt in die verständnislosen Gesichter der Schüler. Erkennt. Begreift. Verstand und Gefühl und Hohes Selbst sind Einheit, müssen Einheit werden. Das ist die Kraft, das erschafft den Punkt, an welchem ihr den Schild durchdringen könnt. Es reicht nicht, wenn nur einer diesen Punkt erschafft. Findet einen Partner, der auch diesen Punkt hat. Das ist kein Problem, du kannst sprechen, du hast einen Mund, du kannst die Energie transportieren und diese Frage stellen. Erkenne und begreife.

Zweite Frage: Willst du Einheit sein? Diese wichtige Frage errichtet die Basis dieses Konstruktes. Nun sind beide bereit, aufeinander zuzugehen, um sich in der Mitte zu begegnen.

Dritte Frage: Willst du mich vereinigen? Erkennt. Begreift. Das ist eine wichtige Frage, „willst du mich vereinigen?" heißt, willst du mich assimilieren, willst du EinSein mit mir bilden. Diese Frage ist sehr wichtig. Der Unterschied zwischen Frage zwei und Frage drei ist der folgende: Die Frage: „Willst du Einheit sein?" fragt nach einem globalen Verständnis. Sie fragt nach Allem-Was-Ist.

Die Frage: „Willst du mich vereinigen?" fragt danach, ob du bereit bist, meinen Schild mit abzulegen.

Die Energie, die so im Mittelpunkt entsteht, ist Liebe. Erkennt. Begreift. So entsteht kosmische Liebe, sie ist nicht vom Trieb und nicht von den Hormonen gesteuert. Die kosmische Liebe will eins werden, das ist nun möglich. Habt keine Angst, auch die Hormone werden durchdrungen. Es wird auch den Austausch von Körperflüssigkeiten hin und her geben, das ist wichtig. Doch hier im Lernfeld der Einheit ist es neu erfahrbar. Eine neue Weite kommt in die Liebe. Ab heute wollen wir so Beziehung leben. Das hier ist ein guter Hinweis. Begreift.

Eine bedeutende Frage entnehme ich euren Gehirnspeichern. Muß jemand den bewußten Kontakt zum Hohen Selbst haben, um dieses zu können? Das ist eine interessante, wenn auch sehr lineare Frage. Erkennt. Begreift. Ihr seid euer Hohes Selbst, ich kann auch sagen: ihr seid Jesus Christus, ihr seid Osho, Buddha, Krishna. Das ist alles möglich. Die göttliche Essenz ist wichtig. Die Seele muß gestreichelt sein.

Wie Hilarion uns lehrt: Einverstanden sein mit der Andersartigkeit.

Dient dieses im kosmischen Sinn, wärst du einverstanden mit der Andersartigkeit, hättest du keinen Schild. Erkenne. Begreife. Du brauchst den Schutzraum, um Einheit wieder zu verstehen. Deswegen brauchst du das pyramidale Konstrukt von Poseidonis.

Das ist schwierig zu verstehen!

Du fühlst dich wohl, wenn du deinen Schild durch dein Nachdenken und durch deine Prozesse streichelst. Erkenne. Die Schilde werden dadurch dicker und nicht dünner. Wenn du sagst: es ist schwierig, das alles zu begreifen, machst du deinen Schild dicker. Du zeigst dem Außen: „ich bin ein dummer Schild". Das hilft anderen, dich zu beherrschen. Erkenne, du willst beherrscht sein. Also, lege dieses Denken im Verstand einfach ab, leg dein Schild nieder und hör auf damit.

Eine Rückführung brauche ich dann nicht? Denn ich sollte genau deswegen eine Rückführung machen.

Erkenne. Begreife. Das war eine Spiegelfrage! Eine Rückführung brauche ich nicht? Erkenne. Begreife. Wir brauchen Hinführung, wir brauchen Hinführung. Nicht ich, sondern wir. Erkenne. Begreife. Das würdest du sagen, wenn ihr den Schild niedergelegt hättet! Die Frage: Ich brauche, stärkt den Schild.

Ihr seid jetzt in einer verworrenen Energie. Elyah lernt, daß Bewertung nicht gut für den Verstand und nicht gut für das Gefühl ist. Bitte erkennt und begreift, ich gebe euch eine Lösungsmöglichkeit. Freuen wäre jetzt wichtig und nicht grübeln. Freude erschafft, Freude ist Lebensinhalt. Für euch als kosmische Menschen ist Freude wichtig, denn Freude assimiliert. Die Freude ist euch gegeben aus lauter Freude, neue Beziehungen aufzubauen. Das weckt die Neugierde auf Neues und erschafft Lebensenergie. Erkennt. Begreift.

Bitte, jetzt ist es zuerst wichtig zu erkennen, dann zu begreifen. Schult euren Verstand, euer Gefühl und euer Hohes Selbst. Dann könnt ihr begreifen. Die vielen Strukturen der verschiedenen Philosophien in euch sagen Nein, gehen in Rebellion. Das Weltbild bröckelt. Das Schutzsiegel wird durch die große Angstenergie in euch allen aktiviert. Ihr benötigt nur etwas Zeit, um euch daran zu gewöhnen.

Nun ist es wichtig, die Freude zu erhöhen. Elyah braucht Farbe:

Jetzt möchte ich euch im 2. Teil des Bildes die neue Form der Begegnung demonstrieren. Es ist wichtig zu erkennen und zu begreifen wie es sein wird, wenn der Kreis geschlossen ist. Die 12 Siegel sind dann im morphogenetischen Feld, dem Magnetfeld der Erde. Erkennt. Begreift. Dann hat das Rad der Zeichen des großen Volkes, das ihr Mayas nennt, sich vollendet. Einige werden Schildmenschen sein. Einige werden kosmische Menschen sein. Der kosmische Mensch hat die Merkabah des Lebens um sich errichtet.

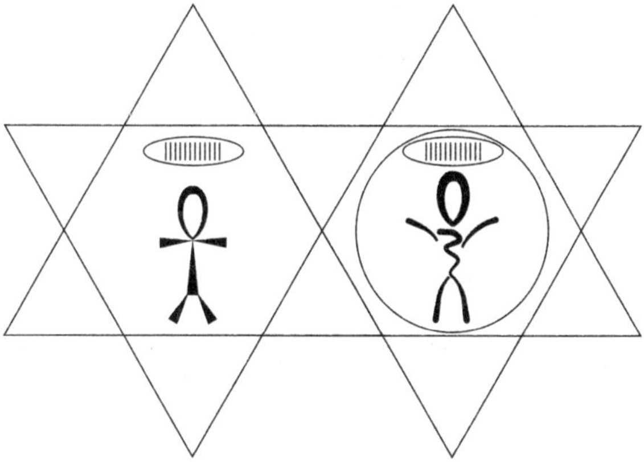

Überall sind Schildmenschen. Erkennt. Begreift. Der kosmische Mensch möchte assimilieren und durchdringen und nähert sich so den Schildmenschen. Erkennt. Begreift. Die Zacken der Merkabah sind nicht wie Messerspitzen, sie sind wie Säbel, die sich am Schild reiben, es gleichsam abhobeln und den Schild dünn machen. Nun kann die frei werdende Energie assimiliert werden. Der Mensch beginnt zu begreifen wird zu einem kosmischen Menschen und errichtet seine Merkabah. Verschmelzung findet statt, und ein neuer Schildmensch kommt und so weiter. Eine Menschheit erschafft sich. Deshalb reicht es aus, wenn nur einer begreift. Erkennt. Begreift. Gestern sagte ich, daß andere wie von einem Viruspilz angesteckt werden. Der Pilz befällt die kranke Haut und zieht Heilung nach sich. Ihr werdet dann keinen Zwischenraum mehr errichten müssen, ihr könnt dann ineinander treten und euch ohne Frage, durch einfaches Sein, verbinden. So wird es nach 2012 sein. Das Volk der Maya hat dieses gewußt. Die Astrologen werden es bald entdecken. Schaut hin, es ist die Kraft des Löwen, die Kraft wird von Regulus kommen. Einheit wird hergestellt! Ich werde euch diesbezüglich besonders lehren. Doch jetzt muß das gegebene Wissen reichen, um dieses zu verstehen.

Erkennt. Begreift. Astrologie wird dann in dieser Form nicht mehr sein, sie wird keine Bedeutung mehr haben. Mathematik ist eine große Sprache. Mathematik wird sich verändern und die Astrologie aufnehmen. So wird es nicht mehr um Deutung und Erklärungen gehen, sondern sie wird Hilfe zum Sein geben. Erkennt. Begreift.

Elyah erklärt die Lehre über Partnerschaft für beendet. Pause ist nun für diesen Körper angesagt. Sammelt ihr jetzt eure Fragen. Elyah wird die Fragen beantworten.

Elyah möchte in der heutigen Nacht singen und alle eure Schmerzen auflösen, die Erfahrung wegwischen, ihr nennt das: Karma auflösen. Doch bitte bereitet eure Körper vor, duscht mit Obstessig, um eure Felder zu klären. Diese Abendkommunion ist ein wichtiges Ereignis für euch alle. Somit könnt ihr euch nach 2012, oder in eurer nächsten Inkarnation für neue Erfahrungen öffnen, denn dann werden die 12 Siegel wieder als Segen in der Atmosphäre stehen und ihr könnt verschmelzen.

Schaut zurück, in den letzten 10 Jahren gab es eine große Zunahme von Allergien und Hauterkrankungen, z.B. Psoriasis und Neurodermitis. Erkennt. Begreift. Der Abwehrmechanismus wird von einem energetischen Pilz angegriffen, das kann sich in Materie durch die Einheit mit Lemuria, die ihr seid, äußern. Versteht. Erkennt und begreift.

Ich komme, wenn Einheit herrscht. Ich bin ein System der Einheit. Fragen zu stellen und Fragen zu beantworten ist nun wichtig. So entsteht ein Kreislauf linearer Natur. Gut. Spielen wir lineare Struktur weiter.

FRAGEN AN ELYAH ZUM FÜNFTEN KAPITEL

Gilt das, was du für Paarbeziehungen gemalt hast, nur für Paare oder auch für Freundinnen und Freunde, für einen Kreis, für Gruppen oder für Lebensgemeinschaften?

Es gilt für alle Beziehungen zwischen Menschen. Es gilt nicht nur für Beziehungen mit sexuellem Austausch, es gilt für jede Beziehung. Ihr bewertet Sexualität sehr stark. Sexualität wird nicht mehr so wichtig sein, da die Notwendigkeit der Verschmelzung von Körpern nicht mehr sein wird, somit ist Sexualität dann ein Austausch, der freiwillig gemacht oder auch nicht gemacht wird. Ihr werdet nicht mehr so stark triebgesteuert sein. Der kosmische Mensch hat keine Triebe, das werdet ihr nach und nach verlernen.

Gilt das auch, wenn sich jemand z.B. in einen Popstar oder in eine bekannte Persönlichkeit verliebt?

Eine sehr interessante Frage. Sicherlich es gilt dort auch, denn Popstars, bekannte Persönlichkeiten sind nichts anderes als Schild.

Damit polieren sich solche Menschen also ihre Schilde auf?

Das ist so. Doch wenn du das Lernfeld der Einheit erschaffst, ist dieses nicht mehr möglich.

Das Lernfeld der Einheit kann also nur in dieser Absicht von beiden erschaffen werden.

Richtig.

D.h., ich erfahre keinen Austausch mit jemandem, der nicht Verstand und Emotionen als Durchbruch durch seinen Schild gebraucht?

Das ist richtig. Deshalb ist diese Lösung, eine Lösung des Übergangs. Erkennt. Begreift.

Du hast vorhin erzählt, daß es Verbindungen über die gemeinsam gewählte Lebensaufgabe gibt. Das ist doch auch Berührung.

Ja, aber keine Berührung, welche die Schilde zerstört. Es ist eine Berührung gleicher Interessen.

Das ist also möglich.

Das ist möglich, jedoch berührt sich nicht der göttliche Kern. Gleicher Schild und gleiches Muster berühren sich.

Und das stärkt weder den Schild noch schwächt es den Schild?

Das ist richtig, es ist eine neutrale Energie. Ein Glas rote Kugeln, ein Glas blaue Kugeln, ein Glas gelbe Kugeln, Kugel ist Kugel. Du kannst auch alle zusammenschütten, dann hast du ein schönes Muster.

Haben wir bis jetzt überhaupt nie ein solches Lernfeld der Einheit erzeugt, wenigstens mal kurzfristig?

Du sagst es.

Das ist furchtbar.

Nein. Du definierst furchtbar. Somit stärkst du deinen Schild und erdrückst deinen göttlichen Kern. Erkenne, es war nicht anders möglich. Sieh es neutral, gehe nicht in die Wertung, das ist ganz wichtig. Eine Illusion von Nähe entsteht, die Illusion von Liebe entsteht, aber es ist eben nur Illusion. Erkennt. Begreift. Das ist die Matrix.

Du hast gesagt, uns treibt die Erinnerung an die Einheit an. Da der Blitz der Zerstörung im Moment unseres Entstehens kam und die beiden Helices von Rhubinihus und Atlantis zerstört wurden, bedeutet das, wir haben nur die Erinnerung der Lemurianer in uns?

Nicht ganz. Einzelne Sequenzen, ihr nennt sie Chromosomen, sind in allen Strängen vorhanden. Deshalb richtet ihr euch auf die göttliche Natur und auf die Sternenebenen aus, sonst könntet ihr dieses gar nicht, sonst hättet ihr dieses vergessen und würdet nicht wissen, daß es Sterne gibt, nicht wissen, daß es Gott gibt. Erkennt. Begreift. Rhubinihus, Lemuria und Atlantis waren vorher eins, deshalb fand Durchmischung statt, eine Assimilation in perfekter Form.

Du hast gesagt, daß uns in dem Punkt, in dem wir uns in der Übergangsphase treffen und begegnen können, die Energie von Rhubinihus hilft. Kannst du dazu noch mehr sagen?

Rhubinihus steht für das Bewußtsein alter Welten. Die Zwischenreiche habt ihr in den Chromosomen und sie sind sehr notwendig. Rhubinihus schafft die Verbindung zu dem Punkt, den ihr Hellsicht nennt. Hellsicht kommt aus dieser Ebene und sitzt auf dem zwölften Chromosom. Erkennt. Begreift. Dieses ist für die Forschung an euren Kindern von Bedeutung. Denn am zwölften Chromosom hat eine Veränderung stattgefunden, dank der Kraft der kosmischen Konvergenz in Harmonie. 1989 war ein wichtiges Jahr. Die Kinder, die nach dieser Zeit geboren sind, haben dieses veränderte Chromosom.

Sind das die „blue babies" oder „Indigokinder"?

Den Begriff Indigokinder kenne ich aus der Inkarnationsebene der Erfahrung. Indigokinder ist eine Massenhysterie. Jede Mutter denkt nun, sie hat ein Indigobaby. Es ist ein Irrtum im morphogenetischen Feld. Elyah sagt, seit 1989 sind alle Babys verändert. Demnach wären alle Kinder, die seither geboren sind, wenn ich eure Definition annehme, blaue Babys, doch sie sind nicht blau. Sie sind schwarz, gelb, rot, braun oder weiß. Versteht.

Haben diese Kinder dann etwas mit Rhubinihus und dem Zeichen des blauen Halbmondes zu tun?

Nein, der blaue Halbmond ist ein spezielles Symbol für ein Volk der Innererde, nicht für Rhubinihus. Aus dem Hause Rhubinihus entstanden die Völker der Innererde.

Was können wir tun, wenn uns ein Mensch nicht begegnen will?

Ihn gehen lassen, du willst ihn doch nicht beherrschen! Oder?!

Nein, natürlich nicht.

Dann lass ihn gehen.

Ich kann das Angebot stellen und entweder er nimmt das Angebot an oder nicht.

Richtig.

Wenn ich in einer Lebensgemeinschaft mit so einem Menschen zusammen bin, was dann?

Ziehe dich zurück.

Was ist, wenn dieser Mensch mit Aggression auf mich zugeht?

Aggression ist die Energie von Zerstörung. Es ist wichtig, ihm eine Angriffsfläche zu bieten, lasse die Aggression nicht ins Leere laufen, denn Aggression ist eine zielgerichtete Energie, sie darf nicht ins Leere laufen, denn sie würde sonst zerstörerisch wirken. Aggression ist Dynamik, die nicht zwingend auf Zerstörung ausgerichtet ist, jedoch auf Handlung! Schütze die Körperlichkeit, das ist wichtig. Doch erkenne, die Energiephalanx verebbt sehr schnell, wenn etwas zu zerstören da ist. Gib ihm etwas Zerstörbares in die Hand. Er wird es zerstören, dann wird die Energie verpufft sein.

Also zurück zu den alten Einmachgläsern, die dann auf den Boden geschmissen werden?

Wundervolle Idee.

Was mache ich, wenn ein Mensch den Schild stärkt, z.B. schreit, brüllt oder Angst hat und Mitgefühl nicht mehr ankommt, soll ich dann auch gehen?

Nein, überprüfe, ob das Mitgefühl echt ist. Mitgefühl kommt immer an. Erkenne. Begreife. Oftmals wird Mitgefühl wie folgt definiert: ich beherrsche dich, wie eine sanfte Welle, die ein Loch in den Stein wäscht. Vorsicht, das ist eine Falle des Mentalfeldes. Mitgefühl ist nicht immer wirklich Mitgefühl. Mitgefühl entspringt der Lebensmitte, ich kann ganz mitfühlend beherrschen.

Elyah, wie können wir mit den Menschen umgehen, die deine Worte möglicherweise nicht begreifen oder uns sogar angreifen, im negativen Sinne des Wortes?

Nehmt sie in den Arm und erklärt. Wenn sie nicht verstehen: laßt sie los. Seid nicht irritiert, habt keine Angst. Elyah ist dabei.

Kannst du das Pilzgeflecht auf den Organen, entstanden aus der nicht erfüllten Einswerdung, noch etwas genauer erklären?

Dieses betrifft speziell diesen Kanal. Ich verändere die Potenz des Lichtfokus, den ihr drittes Auge nennt. Dieser Mensch muß in seinem Gegenüber erkennen, wo es ist, um es auszulösen. Das wird für die Arbeit wichtig sein. Er wird das Pilzgeflecht aus dem Gewebe auslösen und herausnehmen. Somit wird Freiheit geschenkt. Das ist eine Form von Hinwendung. Die Hinwendung entspricht der Hinführung in EinSein.

Wirst du dann auch seine Pilzgeflechte auf seinen Organen herausnehmen?

Dieses Stadium beginnen wir nun. Dieses Stadium nenne ich auch Assimilationsstadium. Deshalb ist nun eine starke Schwäche in diesem System. Ich gebrauche das Sinnbild Schwangerschaft. Erkenne. Begreife.

Kannst du mir dann sagen, warum du nicht möchtest, daß Michael Schuhe oder Strümpfe trägt?

Sie führen zu einer Trennung von der Erdenmutter. Trennung ist nicht gut. Die Füße sind sehr sensibel. Sie sind große Sensoren, die ihr nicht kennt. Ihr denkt, es gibt ein Fußchakra an jedem Fuß. Elyah sagt euch: 12.796 Chakren in einem Fuß verbinden sich mit Gaia im liebenden Austausch. Viele dieser Chakren sind durch das Tragen von Schuhen verstopft. Erkennt. Begreift. Geht hin zu den Völkern, in denen keine Schuhe getragen werden. Viele Infektionskrankheiten sind dort nicht bekannt.

Aber du weißt schon, daß es auf unserem Teil der Erde, der Nordhalbkugel Winter gibt, wo es wirklich kalt ist.

Ja.

Und dann?

Erkennt. Begreift. Winter gibt es nicht erst, seit ihr lebt. Winter gibt es schon viele tausend Jahre. Die Eiszeitmenschen hatten auch keine Schuhe, sie hatten auch keine abgefrorenen Zehen. Sie lenkten die Kraft der Lebensmitte in ihre Füße und der Schnee schmolz.

Sollten wir dann keine Schuhe tragen?

Schuhe tragen ist möglich. Nur, erinnert die Füße immer wieder daran, daß sie nackt sind.

Also, wenn wir das richtig verstanden haben, werden alle Siegel komplett am 21. Juni 2001 in Yukatan gelöst?

Richtig.

Gut. Und du hast aber vorher gesagt, daß der kosmische Mensch erst nach 2012 in die Existenz kommt?

Dieses ist richtig. Genau gesagt, am 21. Juni 2012.

Okay. Das heißt auch...

Erkenne das Zahlenspiel, 21 ergibt umgedreht 12. Sechs ist die Zahl des Menschen, 2012 ist die Wiederholung: sechs Jahre der Männlichkeit gefolgt von sechs Jahren der Weiblichkeit; erkenne, wie wichtig dieses Datum ist.

Und was passiert in der Zwischenzeit?

Die Siegel wandern durch die Kraft des Segens, der aus dem Fluch entsteht, in das Magnetfeld der Erde hinaus und gesellen sich zu den 12 wundervollen Säulen, welche die Häuser sind. Sie ergänzen sich mit den 4 Säulen, welche die Säulen der Elemente sind. Es entsteht 16. Diese Zahl wird im folgenden Buch wichtig sein. Erkennt. Begreift.

Und in der Zwischenzeit, zwischen 21. Juni 2001 und 21. Juni 2012, was entfaltet sich in dieser Zeit?

Es sind 11 Jahre. 11 ist die Zahl der Meisterschaft.

In dieser Zeit begegnen wir uns mit Bild auf Seite 120, oder ist es auch schon möglich, sich mit Bild auf Seite 124 zu begegnen?

Ihr begegnet euch mit Bild auf Seite 120. Denn dies ist die Zeit der Meisterschaft, es ist die Zeit des Erlernens der Meisterschaft. Für die Heilung der Dualität ist dies von großer Bedeutung. Buddha nennt es, erleuchtet sein.

D.h. wir müssen unsere Schilde ganz bewußt ablegen und sie werden uns nicht ausgezogen?

Richtig. Wer sollte sie euch herausziehen? Ihr selbst habt die Schilde gebildet. Bitte macht nicht andere dafür verantwortlich. Dies ist eure eigene Verantwortung.

Und wenn wir durch einen mentalen Beschluß die Schilde ablegen, wie du so oft sagst, wohin geht dann die Energie, die in den Schilden gebunden ist?

Sie verbindet sich mit der Wesenheit Vesta.

Jetzt haben wir noch ein paar astrologische Fragen: *Da war die Frau, der Mann, die Sonne und der Halbmond. Der Halbmond umkreist die Sonne. Und wenn er nicht genug bekommt, kann er in die Zwillingsenergie gehen, um sich nicht zu entscheiden; oder der Halbmond geht zur Widderenergie, dann hat er die Tatkraft, den Mann zu verlassen. Frage: Kann der Halbmond zu allen 12 verschiedenen Planetenenergien gehen und kommt so auf verschiedene Resultate und bleibt aber trotzdem in der Sache gebunden?*

So ist es. Doch hier kommt Hilfe. Erkennt. Begreift. Transpluto ist der dreizehnte Punkt, ist die große Verbindung. Transpluto durchwandert alle Häuser. Transpluto ist liebevolle Transformation, die nicht „bum" macht, sondern mit einem sanften Ton transformiert. Transpluto hilft dir zu erkennen. Ich gebe dir dieses neue Wissen. Transpluto hilft, in Liebe den Schild abzulegen. Bis 2012 wird Transpluto ein wichtiger Aspekt sein. 11 ist die Zahl von Transpluto. Transpluto ist ein Planet, der das wichtige Bewußtsein der Meisterschaft bringt. Er verbindet nicht nur die Planetenkräfte, er kann auch Konstellationen der Sterne verbinden. Es ist wichtig, daß ihr das erkennt. Transpluto läuft in Wellenbewegung auf und ab und verbindet die Sonnenzeichen miteinander, so kann die Verschmelzung von Sonnenzeichen stattfinden. Erkenne. Begreife.

Nach 2012 gibt es dann in dem Sinne, in dem wir das bis jetzt definiert haben, keine Partnerschaften mehr?

Es gibt dann keine Schildpartnerschaften mehr. Das ist richtig, das hast du gut erkannt. Doch es gibt Paarbindungen.

Was ist mit Ehen, spirituellen Hochzeiten?

All dieses wird es geben. Doch wir, Elyah, wollen uns korrigieren. Es gibt keine Paarbindungen mehr. Es werden Paarverbindungen sein. Es wird Freiwilligkeit sein und nicht die Ausschüttung von Hormonen. Die Verbindung wird nicht im Zeichen des Schildpolierens sein, sondern ein wundervolles Einverständnis, ein Ineinander-fließen-können wird es sein. Diese schöne Möglichkeit ist wichtig für euch.

Ich möchte noch mal nachhaken, da wir das natürlich nur aus unserem derzeitigen Verständnis verstehen können, d.h. nach 2012 kann überhaupt niemand mehr auf die Idee kommen, nicht in so einer Verbindung zu sein?

Verwirrende Energie. Präzisiere deine Frage.

Wenn nach 2012 diese Paarverbindungen durchaus noch sind, auf Freiwilligkeit beruhend, dann könnte es ja gar nicht mehr vorkommen, da dann Einheit erzeugt wird, daß einer z.B. sagt, daß er die Beziehung jetzt nicht mehr will.

Dies ist so richtig. Die Notwendigkeit von „ich will das nicht" ist dann nicht mehr gegeben. Warum? „Ich will das nicht mehr", ist eine Botschaft für Schilde und nicht des kosmischen Menschen.

Ich sage ja, wir können es nur von unserem jetzigen Blickwinkel aus verstehen. D.h. es werden immer mehr Menschen in größeren Gruppen in dieser Einheit zusammenleben?

Das ist möglich. Alles wird in dieser Zeit möglich sein. Die einen so, die anderen so. Du kannst dieses nicht mehr festlegen, der kosmische Mensch ist nicht festgelegt. Er durchdringt. Es ist schwierig, diese Thematik innerhalb der Schilde zu verstehen. Aber spüren könnt ihr dieses schon.

Wir haben noch mal das Thema Transpluto! Ist Transpluto praktisch die Energie der Meister?

Das ist nicht ganz korrekt. Erkenne. Begreife. Transpluto ist durchaus die Energie der Meister. Transpluto ist selbst ein Meister. Transpluto ist die Ausschüttung der Weißen Bruder- und Schwesternschaft in Planetenform. Erkenne. Die Weiße Bruder- und Schwesternschaft weiß wie viele, viele Fragen ihr habt. Sie haben sich ein Hilfsmittel überlegt. Das ist Transpluto, damit ihr selbst erkennen könnt.

Kann ich mich mit ihm verbinden?

Sag mir, wie willst du das tun?

Durch einen Gedanken?

Dies ist nicht möglich. Doch erkenne, begreife, baue eine Beziehung zu Transpluto auf, wie in Bild auf Seite 120. Sieh ihn als Partner. Dann entsteht das Lernfeld der Einheit, dann wird die Energie auf dich übergehen.

Danke. – ***Das bedeutet, wenn wir Nada, Hilarion oder Kwan Yin channeln, dann erzeugen wir so ein Lernfeld der Einheit.***

Richtig.

Bedeutet das, wir haben also diese Lernfelder bis jetzt durchaus schon zeitweise erzeugt?

Ja, aus der spirituellen Sichtweise. Doch die Lernfelder sind noch nicht lebbar, sie sind maximal eine Stunde haltbar.

Danke.

Können wir, über das Lernfeld der Einheit, das uns jetzt hilft, unseren Schild zu durchdringen, auch Wissen verbinden?

Das habe ich bei der Frage von Transpluto schon beantwortet.

Das bedeutet, ich kann mich mit dem Lernfeld der Einheit nicht nur mit Objekten, z.B. einem Buch, sondern auch mit Energiefeldern, z.B. einem Menschen, jedoch auch Sternenebenen verbinden?

Durchaus möglich.

Inwieweit assimilierst du uns, wenn du uns direkt lehrst?

Eine schlaue Frage, die sehr holistisch ist.
Meine Antwort ist: Vollkommen.

Nur kann ich deine Energie noch nicht für mich persönlich halten?

Dieses ist richtig, weil diese Energie nicht für dich persönlich ist. Sie ist für „Wir sind“.

Klar!

Aber nach und nach wirst du quasi die ganze Menschheit assimilieren, durchdringen und wir alle sind dann Elyah?

Nein. Ihr seid dann alle kosmischer Mensch. Elyah ist nicht dazu da, euch aufzusaugen, so wie ihr Assimilation immer noch versteht. Elyah ist da, um euch anzuregen. Elyah ist ein Vorbote für den kosmischen Menschen. Jesus hatte einen Vorboten, Johannes den Täufer. Ich, Elyah, bin der Täufer. Erkennt. Begreift.

Gut, dann danken wir dir jetzt für die Beantwortung der Fragen und werden alles für die Abendkommunion vorbereiten und vorher essen?

Gute Idee. Linear, doch gut.

Vielen Dank.

Elyah wünscht guten Appetit.

Nach dem Essen hatten sich erneut Fragen angesammelt und Elyah kam nochmals, um uns bei unserem Be-greifen behilflich zu sein.

Jeder hat einen Schild um sich. Ihr nennt diesen Zustand Individuum. Ihr nennt diesen Zustand Meinung. Ihr nennt diesen Zustand Befinden. Ihr kennt nichts anderes als euer „verkürztes Ich".

Das ist ja das Problem, daß wir nichts anderes kennen.

Nun sage ich dir, wenn du ein Mensch mit Schild bist und du die Kräfte lenkst, die Kräfte des Gebetes, der Kommunion oder der Triangulation, lagert sich diese Kraft am Schild an.

An meines oder an das des anderen?

An beide. Die Triangulation ergibt dieses Kraftfeld, somit kann Durchdringen geschehen. Der Schild wird weiter und weiter, und du kannst atmen.
Elyah möchte ein Bild malen.

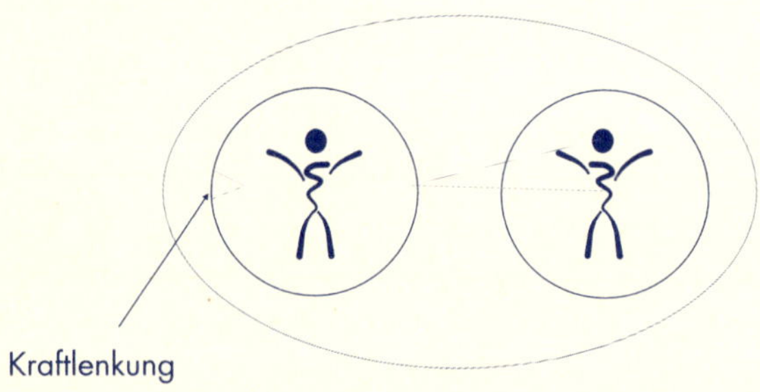

Beide Menschen haben einen Schild. Erkenne. Begreife. Mit der Hilfe des Gebetes oder der Triangulation vereinigst du dich mit dem anderen Schildmensch, obwohl eine Trennung sein wird. Aber so kannst du arbeiten. Erkenne. Begreife. Der kosmische Mensch ist nicht das Aufgeben des Individuums, er ist ein erweitertes Individuum, er ist ein Kollektivmensch. Meine Absicht ist erweitern und nicht zerstören. Seid nicht traurig, euer Individuum zu verlieren, erweitert das Individuum. Wir haben kein Wort dafür, wir nennen es Kollektivmensch.

In Ordnung.

So habt ihr bis 2012 eine gute Möglichkeit, Eine Welt zu kreieren.

Das verstehe ich. Ich habe heute früh gemerkt, wenn ich einfach Christuspräsenz in meinen Schild fließen lasse, wird es besser.
Wenn ich dich richtig verstanden habe, wäre es in Ordnung, wenn ich aus dem Grunde des Zusammengehens alles erlaube, alles tue, alles für den anderen mache, was von mir gefordert wird. Dann bin ich ja irgendwann mal platt wie eine Flunder?

Betrachte die Absicht. Erkenne. Begreife. Wenn die Intention hier herrschen ist, kannst du nein sagen. Das ist durchaus möglich. Doch du mußt die Absicht spüren, nicht das, was die Worte sagen. Du mußt spüren, wahrnehmen außerhalb deines Schildes. Darum ist begreifen so wichtig. Begreife den anderen Schild, was geschieht, wenn ein anderer Schildmensch mir begegnet, spiele das Spiel von Macht nicht mit.

Okay, ganz konkret an einem Beispiel. Wenn ein erwachsener Mensch mit Kinderstimme fragt, ist das doch energetisches Gezerre. Dieser Mensch ist doch selbst erwachsen und groß. Also habe ich gesagt: Frag doch selber. Dann hast du gesagt, ihr baut beide eure Schilde auf.

Richtig. Erkenne. Elyah nimmt nun Wertung. Deine Antwort war, vom Verstand her, in Ordnung. Deine Gefühle waren nicht in Ordnung. Dein Gefühl war: dieser Mensch nervt. Erkenne. Begreife. Wenn dein Gefühl dir sagt, der Mensch will nur Wissen, dann ist deine Antwort richtig. Verstehe. Das ist eine andere Energiephalanx. Die Babystimme sagt jedoch: „Ich bin ein kleines Kind, du bist eine große Mutter. Nimmst du mich wahr, hörst du mich, ich bin doch so lieb. Ich tue doch alles für dich." Dies ist Hörigkeitsenergie. So verstärkt dieser Mensch seinen Schild. Durch das unklare Gefühl deiner Seite verstärkst du deinen Schild und diese Spiele erdrücken. Das Bewußtsein des Verstandes, des Gefühles und des Hohen Selbstes ist Einheit.

Ja, aber manchmal bin ich noch nicht so schnell, verstehst du?

Du wirst es werden, dies ist kein großes Problem. Das Bewußtsein des Verstandes ist sehr stark. Der Schildmensch darf lernen, was Einheit ist. Das Lernfeld der Einheit wurde deswegen kreiert, deshalb ist Lernen wichtig. Stelle die Konstellation im Lernfeld her und du erfährst somit Einheit. Du erkennst sofort die Babystimme und somit die Hörigkeit. Erkenne. Begreife. Und du mußt nicht mehr drauf eingehen.

Also nehmen wir mal idealerweise an, ich hätte das vollkommen im Bewußtsein und so eine Situation käme wieder. Ich hätte begriffen und verstanden, jetzt kommt wieder eine Anforderung, ich würde die Babystimme und die Hörigkeit fühlen, und ich wäre mit meinem Hohen Selbst verbunden, dann wäre es absolut möglich zu sagen, okay schau her, was passiert jetzt?

Du würdest zu einem solchen Menschen sagen: „Ach, armes Baby, du bist über 50 Jahre alt und immer noch ein Baby". Der Mensch wird erkennen. Du würdest lustig sein und sagen: „Großes Baby!" Erkenne. Begreife. Du hilfst ihm zu erkennen.

Das wäre dann kein Hochmut?

Nein. Das weitet eure Schilde. Du kannst dich freier bewegen. Erkenne. Begreife. Dies ist wichtig, dann hast du diesen Zustand der Einheit erreicht.

Ja ich glaube, jetzt geht es besser, vielen Dank.

Siehst du, kosmische Weisheit ist nicht kompliziert.

Na ja, für dich, für mich nicht so ganz.

Auch für dich nicht. Sieh, ich bin weites Bewußtsein. Du bist auch ein weites Bewußtsein von deinem Ursprung her, so wie ich. Nur, du hast im Laufe deiner Erfahrung, die du Inkarnationen nennst, gelernt, ein Schild zu sein. Erkenne. Begreife. Somit kommt die Lehre auf einen Punkt zusammen. Die Zerstörung des Individuum ist niemals mein Ansinnen. Ihr seid so stolz auf das Individuum. Individuum ist so wichtig. Warum ist das Individuum so wichtig? Wegen des zweiten Siegels, dem Schutzsiegel. Erkenne. Ich versuche, einen Schutz aufzubauen und euch zu sagen, hier guckt hin, ihr braucht Schutz. Darum sage ich, erkennen, begreifen. Begreifen meint, aus dem Schild herausgehen. Es ist wichtig, das andere Individuum zu begreifen, wobei das Individuum gar nicht begriffen werden will. Das Individuum möchte sich um sich selbst drehen. So ist aber kein Kollektiv möglich. Erkennt. Begreift. Der kosmische Mensch ist die Einheit aller Menschen.

Liebe die Menschen. *(Damit meint Elyah die Vorbereitung zum kosmischen Menschen.)*

Es ist doch schon so, daß es uns manchmal gelungen ist, einen anderen Menschen zu begreifen, wenn wir uns vielleicht damit auseinandergesetzt haben und gespürt haben und dann verstanden haben, wo der Mensch jetzt steht. Das ist doch trotz der Schilde manchmal in unserer Arbeit vorgekommen.

Ja. Es gibt Momente, wo eine Ebene besonders stark ist. Die Philosophie ist ein solcher Moment. Viele Menschen einigen sich in einer Philosophie, z.B. Meister Jesus stirbt am Kreuz, ist zum Himmel gefahren, wir warten bis er wiederkommt. Ihr nennt diese Prägung, diese Philosophie, Christentum. Diese Philosophie bildet einen eigenen Schild aus, viele Schildmenschen fühlen sich in diesem Großschild wohl. Erkennt. Begreift. Oder: Gefühlsmenschen, deren Philosophie z.B. Huna ist. Huna ist auch ein Gefühl, gemeinsam trommeln, gemeinsam singen, gemeinsam tanzen. Das bildet ein schönes Gefühl: Feuer, Pazifik, wunderschöne Atmosphäre, der Sternenhimmel erweckt Gefühle, und so entsteht ein Gefühlsschild. Das Gefühl der Einheit kommt. Aber es ist nur ein Gefühl. Erkenne. Begreife. Ich meine dieses nicht bewertend. Nur das Gefühl ist eine Ebene, doch wenn du es schaffst, die Ebenen zusammenzubringen, dann gehst du in das Begreifen. Dann verläßt du deinen Schild durch einen kleinen Punkt. Du verläßt deinen Schild. Erkenne. Begreife. Es ist wichtig, Elyah will das Ego nicht zerstören. Wichtig, Elyah möchte das Individuum erweitern zum kollektiven Sein. Das Individuum ist die Eizelle des kollektiven Menschen. Es ist wichtig, das zu begreifen. Gut.

Macht eine Pause.

In der nun entstandenen kleinen Pause sprachen wir nochmals über die Kollektivschilde.

Osho hatte viele Schildmenschen in seinem Bewußtsein. Erkennt. Begreift. Der Oshoschild ist ein großer Schild und viele Menschen sind in diesem Schild. Der Schild von Meister Jesus wurde aufgebaut, eine Philosophie entstand, das sind unterschiedliche Schildqualitäten. Sai Baba hat einen großen Schild, er läßt Asche regnen, ein alter Trick. Er bindet viele Menschen zu einem Versuch des Kollektivs zusammen, doch sie bleiben Schildmenschen. Diese Gruppierungen sind Vorformen des Kollektives. Es ist kein richtiges Kollektiv. Die Kollektivschilde habe ich euch bewußt gemacht. Der Schild „Wir sind Deutsch" ist durch eine Karte festgelegt. Daraus entstehen Energiephalangen wie die Zugehörigkeit zu einer Völkergruppe. Sie haben die gleiche DNS-Struktur, das gleiche Aussehen und die gleiche Haarfarbe. Erkennt. Begreift.

Nun begreift ihr, wie das gute Gefühl der Zugehörigkeit zu einer Gruppe Löcher in eure Schilde macht. Einheit ist entstanden. Das ist Ablegen! Begreift, wie wichtig dies ist. – Das bedeutet, Einigkeit macht stark.

Aber das macht doch keine Löcher.

Natürlich, das Individuum begibt sich in die Einheit und nimmt die Energie des Kollektivschildes, um seinen eigenen Schild abzubauen. Die Folge davon kann Fanatismus sein; aus diesem Grund sind Menschen bereit, in den Tod zu gehen. Ihr eigener Schild würde das verhindern. Ein Kollektivschild macht dieses möglich.

Wenn wir unsere Schilde nicht mehr als nur negativ bewerten, sondern sehen, daß so ein Schild wie z.B. das Aloha-Schild auch etwas Positives ist, dann weitet sich ja auch das System?

Diese Aussage ist partiell richtig. Ein Schild wirkt immer lebenszerstörerisch. Bitte versucht jetzt nicht, den Schild nur positiv zu bewerten und damit Erleichterung zu erschaffen. Das ist Individuum. Ihr habt die Möglichkeit, den Schild auszudehnen. Nutzt diese Möglichkeit auch. Erkennt. Begreift.

Durch das Lenken der Kraft aus Verstand und Gefühl und dem Verbundensein mit dem Hohen Selbst pickt ihr den Schild von innen auf, wie ein Küken seine Eierschale.

An dieser Stelle war unser Unterricht für diesen Tag beendet. Elyah sang während dieser Nacht still in unsere Paarbeziehungen hinein.

Einen schönen guten Morgen. Es ist wichtig, euch gleich etwas zu erklären. Wir haben folgenden Plan gemacht. Ich möchte euch gleich das Prinzip Jupiter erklären. Es ist wichtig für diese Erde der neuen Zeit. Doch dazu später. Erkennt. Begreift. Doch vorher möchte ich Fragen beantworten. Viele Fragen sind in euren Köpfen aufgetaucht. Das Frage-Antwort-Spiel ist ein lustiges Spiel der Linearität. Es setzt soviel Energie frei. Wenn diese Energie gut gelenkt wird, dann erschafft sie die Einheit von Verstand und Gefühl, dann durchdringen sich die Schilde. Erkennt und begreift. Ihr habt alle Mittel in eurer Hand.

Erkennt. Begreift. Nun fragt, ich beantworte.

Wir haben natürlich weiter nachgedacht und versucht zu be-greifen:

Hohes Selbst, Verstand und Gefühl sind ja auch wieder eine Trinität, bilden auch wieder ein Dreieck, eine Triangulation.

Richtig.

Wenn z.B. mein Gefühl blockiert, also noch nicht in göttlicher Harmonie ist, wäre es dann sinnvoll, wenn mein Verstand begreift, daß mein Gefühl noch nicht in Harmonie ist, und wenn ich dann von meinem Hohen Selbst aus Christuspräsenz oder Hohe Selbst-Energie in mein Gefühl laufen lassen würde, bis dies auch wieder in einem einheitlichen Bewußtsein ist und ich dann erst die Energie rausgebe; wäre das eine Möglichkeit?

Ja, so ist es, es ist eine Möglichkeit. Lenke die Hohe Selbst-Energie hinein in die Gefühlswelt und gib somit Beruhigung. Ihr nennt es, Öl auf Wasser gießen, das sich bewegt. Eine andere Möglichkeit ist, ein Drama zu fahren, und zwar solange Drama zu fahren bis kein Stoff mehr da ist für das Drama. Dann ist auch Beruhigung da. Das ist die zweite Möglichkeit. Wenn du einen großen Schmerz hast, schaue dir einen alten Liebesfilm an, weine und weine, trinke dabei, wenn du magst, eine Flasche Rotwein und weine noch mehr. Da ist noch eine Möglichkeit: du kannst auch Weißwein nehmen. *(Wir lachten alle herzlich!)* Somit ist dem emotionalen Selbst eine Möglichkeit gegeben, sich auszuleben. Dabei ist es jedoch von Bedeutung, daß kein anderer Mensch in deiner Nähe ist, denn sonst verstärken sich die Schilde. Somit erschaffst du einen Gleichklang. Eine dritte Möglichkeit ist, bis zum Umfallen zu laufen, so würdet ihr sagen. Die vierte Möglichkeit ist Tanzen. Das sind alles Möglichkeiten, das Emotionalfeld zu beruhigen, und das ist wichtig, erkennt, begreift. Dann werdet ihr wieder Einheit herstellen können.

Wenn mich jemand erwischt, während ich ein Drama fahre, was mache ich dann?

Hinausschicken!

Gehe ich recht in der Annahme, daß viele Inkarnationen somit dicke Schilde ergeben?

Du gehst recht in der Annahme. Diese Frage ist sehr bekannt aus dem Ratespiel: Was bin ich?

Was ist mit der Sternenherkunft. Wie vereinbart sich die Sternenherkunft mit der Menschheitstheorie?

Die Sternenherkunft ist sehr wichtig. Sternenherkunft kommt aus dem Volksstamm Atlantis. Atlantis brachte in der Verschmelzung viel Sternenwissen mit. Als die Verschmelzung der 3 Stämme der Erde stattfand, wurde somit das Sternenwissen in Form von Chromosomen in eure DNS hineingegeben. Nun wird die Erinnerung an ganz spezielle Sternenfrequenzen hochgespielt. Verstehst du?

Ja. – D.h., die Erinnerung kommt aus den Chromosomen und nicht aus unseren Schilden und Emotionalkörpern?

Wenn es um Sternenwissen geht, ja!

Darf ich mal kurz zu mir gehen, meine Erinnerung an Alcyon kommt folglich von meinem Chromosom und nicht von meinem Emotionalkörper?

Eine Verquickung findet statt. Die Chromosomen geben die Information von Alcyon. Alcyon ist eine neutrale Energie. Das Emotionalfeld kann nichts damit anfangen. Das Emotionalfeld macht ein Bild daraus, denn dann kann es etwas damit anfangen. Dann sind dramatische Ereignisse auf Alcyon passiert. Das ist das Produkt des Emotionalfeldes, nicht der Realität. Es wird Realität, wenn du diese Ereignisse mit deinem Verstand und mit deinem Hohem Selbst verbindest und einspeist. Du bist Schöpfungspräsenz, vergiß das nicht! Ihr Erdensternenkinder macht nicht nur hier auf Erde Geschichte, sondern auch im Universum. Bedenkt, was ihr tut.

Das bedeutet, alles was ich hier auf der Erde in dieser Inkarnation erlebe, hat Auswirkungen auf alle Ebenen des Universums?

Das ist es, was Elyah euch lehrt, was Elyah euch beibringt. Ihr verbindet und das ist Assimilation, das ist Eins werden.

Stimmt dann das Modell, daß eine Seele sich gleichzeitig in dem Menschen dieser Inkarnation ausdrückt, jedoch möglicherweise auch gleichzeitig durch eine Wesenheit die auf Alcyon ist und eine Wesenheit die auf Cassiopeia ist und eine Wesenheit in der Raumbruderschaft. Stimmt das Modell?

Dieses Modell ist richtig.
Ich spüre Erleichterung.

Oh ja!

Die Erleichterung kommt daher, daß ihr denkt, ihr seid nicht die ganze Zeit verkehrt gewesen. Nur erkennt, begreift, mein Wissen ist eine Erweiterung des Wissens und nicht die Zerstörung eures Wissens. Elyah will euch nichts Böses. Erkennt. Begreift. Ihr seid Schöpfer, ihr seid Sternenrasse, ihr seid ein wichtiges Prinzip des Universums: Leben spendende Kraft für das Heilungs-Bewußtsein Gaia. Es ist wichtig, dieses immer vor Augen zu haben, damit ihr erkennt, wie groß die Macht in euch ist. Ihr benutzt Sternenwissen oft, um euch darzustellen und um eure Schilde zu stärken. Dazu ist das Sternenwissen nicht da. „Ich komme von den Plejaden, ich komme von Sirius, ich bin Harmonie, du bist ein böser Angreifer, weil du von Orion kommst." So geht ihr nicht gut mit dem Sternenwissen um. Alle Menschenkinder denken, wenn sie sich mit dem Sternenwissen auseinandersetzen, hoffentlich komme ich nicht von Orion. Das ist keine gute Energie. Sie grenzen Orion dann ab und sagen Orion ist schlecht. Orion ist nicht schlecht. Das, was ihr aus Orion macht, ist schlecht.

Wenn ich über mein Quellenselbst um Zugang bitte in die anderen Dimensionen, in denen sich meine Seele erklärt, müßte ich dann doch auch darum bitten können, den Ausdruck meiner Seele in einer Dimension, wo Fünf-Dimensionalität schon präsent ist, abzurufen und mir diese Qualität hier in diese Inkarnation einspeisen können? Dann würde es leichter werden, meinen Schild auszudehnen, um ihn dann fallen zu lassen?

Dieser Gedanke ist ein Fehler. Das Emotionalfeld und der Verstand würden kollabieren. Der Verstand ist jetzt ein Konstrukt der dritten Dimension. Ein Kollaps würde entstehen, du würdest in ein Haus mit vielen Menschen, die einen Kollaps haben, gebracht werden. Das würde für dein Befinden nicht gut sein. Nein, es wäre keine gute Technik, aber es ist eine gute Frage. Denn erkennt, begreift, das Quellenselbst ist nichts anderes als die Verbindung zum morphogenetischem Feld, dem Bewußtsein aller Menschen. Erkennt. Begreift. Nicht jeder hat ein persönliches Quellenselbst. Das Quellenselbst ist die Verbindung zum morphogenetischen Feld. Das Quellenselbst ist eine Quelle. Erkennt. Begreift. Jeder ist verbunden mit dem gleichen Quellenselbst, hier ist ein großer Fehler in eurem Modell.

Wenn ich nun z.B. Mut oder Sicherheit brauche, jetzt gerade in diesem Moment, ist es mir dann möglich, Mut und Sicherheit aus dem morphogenetischen Feld abzuholen, wie ich es bis jetzt über das Quellenselbst geholt habe?

Dies ist durchaus möglich. Doch Sicherheit verstärkt das zweite Siegel. Du brauchst keine Sicherheit. Du brauchst Mut. Dieses kannst du aus dem morphogenetischem Feld, genannt Quellenselbst, abholen. Wichtig, es gibt sehr viel Mut, doch er wird selten abgeholt.

Ich hole mir Mut über die Frequenz Erzengel Michael.

Das ist auch möglich. Der Erzengel Michael speist über das morphogenetische Feld ein, damit ihr die Energie verarbeiten könnt. Das morphogenetische Feld ist wie eine Membran. Es bereitet die Energie vor, damit ihr sie aufnehmen könnt.

Gibt es auch eine Möglichkeit über die Sternenenergie, Mut ist Mars oder Pluto?

Durchaus möglich. Doch die Energie wird immer durch die Membran des morphogenetischen Feldes gefiltert. Sie umgibt die Erde wie eine Gashülle.

Und der Saturnzylinder, ist das auch eine gute Möglichkeit, sich den Mut, den wir brauchen, abzuholen?

Ja, auch dieses ist möglich. Bitte, Elyah ist nicht euer Verstand. Elyah ist nicht euer Emotionalfeld. Fragt Elyah nicht, ist das gut, ist das besser.

Alles ist möglich. Erkennt. Spielt. Löst euch von den drei bunten Bällen, die ihr Hohes Selbst, Verstand und Emotion nennt. Wenn ihr ganz viele bunte Bälle haben könnt, könnt ihr viel mehr spielen. Deshalb sagt Elyah, das Individuum ist Einsamkeit, daher habt ihr nur 3 Bälle zur Verfügung. Jeder hat nur drei Bälle, wenn man sich zusammentut, dann hast du 6 Bälle und kannst wunderbar spielen, es ergeben sich viel mehr Spielmöglichkeiten. Das ist es, was Osho machte, und auch das, was Sai Baba tut: Bälle sammeln. Und sie machen ein großes Spiel daraus. Osho hat sehr viel Freude am Spiel mit vielen Bällen.

Ist Buddha oder Mohammed oder Jesus immer wieder inkarniertes Christusprinzip oder Energie?

So kannst du das nicht sagen. Nein. Jesus war der erste Mensch in neuer Form. Der Mensch Jesus ist daran zerbrochen, daß ihm Schildmenschen begegneten, die er nicht durchdringen konnte, die Erfahrung, Schilde zu durchdringen, fehlte Jesus oftmals. Er meinte, er könnte es durch Zeichen und Wunder erreichen, durch die Aktivierung der innerlichen Lebensmitte anderer Menschen. Nein. Die Menschen sind niedergefallen und haben ihn verehrt. Das wollte er nicht. Ebenso war es bei Buddha. Mohammed ist eine andere Richtung. Mohammed wollte sehr stark Macht ausüben. Mohammed ist in vielen Dingen eng geworden. Anfangs war es sehr schön, er bekam sehr viel Weisheit durch die Engelenergie. Dann bemerkte er die Kraft der Manipulation, so hat sich das Ganze geändert. Erkennt. Begreift. Erleuchtung ist Erweiterung des Schildes, nicht dessen Auflösung.

Du hast gesagt, es gibt Kollektivschilde. Da sind wir uns noch nicht einig. Hat Osho z.B. seinen Schild so weit ausgedehnt, daß er sehr viele Schildmenschen unter seinen Schild hereingenommen hat oder hat er einen großen Schild der Gemeinsamkeit erschaffen, wo alle unter diesem einen Vorzeichen, dieser Philosophie oder Religion zusammen sind?

Das erste ist richtig. Er hat seinen Schild so ausgeweitet, daß er andere mit hineingenommen hat.

Das muß aber porös gewesen sein?

Nein, es war nicht porös. Es ist ein lineares Bild. Sieh es holistisch. Seifenblase. Seifenblase. Blubb.

Haben die 6 Stämme, die in der Innererde leben, auch Schilde wie wir?

Sie haben andere Schilde und eine andere Struktur, sie schaffen es nicht, individuell zu sein.

Wenn wir uns dann verbinden, wäre das eine gemeinsame Heilung?

Dieses ist wohl möglich. Doch ihr habt die Hohlwelt negiert.

Das bedeutet?

Ihr zerstört die Hohlwelt.

Können wir das ändern?

Eine Veränderung ist möglich, ihr braucht dazu sehr viel Energie. Die Wesenheiten sind mit den Mineralien verschmolzen. Das ist die Kraft, die ihr in den Mineralien findet.

Bei der Arbeit mit Kristallen arbeiten wir dann an der Heilung des Hauses Rhubinihus?

Das ist nicht ganz richtig. Die Völker der Hohlwelt verschmolzen mit Kristallen. Die ganze Kraft der Edelsteine ist die Kraft des Hauses Rhubinihus. Wenn ihr mit Kristallen arbeitet, macht ihr euch die Energie der Hohlwelt nützlich.

Aber es scheinen nicht alle in Kristallen gebunden zu sein, das Volk des blauen Halbmondes ist ja nach oben gekommen.

Das war in alter Zeit. Die Hohlwelt geriet immer mehr in Vergessenheit. Die Wesenheiten kristallisierten aus.

Aber manche von uns haben doch immer mehr Zugang zu den Welten der Feen und Elfen?

Damit erschafft ihr die Hohlwelt neu.

Zum Beispiel hier am Platz, wo wir den Aufstiegstempel für die Feen und Elfen erschaffen haben, den ich mit dem Jupitermond Europa verbinden sollte? Einige von uns haben auch manchmal ganz klare Eindrücke, daß sie da sind , wie sie aussehen und wie sie heißen, was sie tun und so weiter. Dann schaffen wir doch eine Verbindung mit ihnen und sie mit uns?

Dieses ist richtig. Und ihr erschafft damit einen Neue Welt, da Träger von Christusenergie auf Träger mit Christusenergie trifft, und ihr keine Schilde bezüglich der Zwischenwelt habt.

D.h. es ist gut, Geschichten über die Feen und Elfen zu schreiben.

Sehr gut, ihr erschafft neu.

Und haben Tiere auch einen Schild?

Tiere übernehmen.

Alle Tiere?

Alle Tiere. Erkennt. Begreift. Domestizierte Tiere sind nichts anderes als Therapeuten. — Sie übernehmen die Energie von Herrchen und Frauchen, sie übernehmen das Pilzgeflecht der unerfüllten Liebe. Diese Energie wird in der Absicht somit Heilung zu schaffen in die Gruppenseele eingespeist. Die Gruppenseelen strahlen diese Heilung sodann in das morphogenetische Feld ein, somit kann die Heilung wieder von allen empfangen werden. Tiere geben oft Trost, deswegen helfen Tiere, den Schild zu erweitern.

Und was ist mit Delphinen?

Delphine sind Zwischenwesen, welche die große Gabe haben, durch Töne hochfrequenter Art die Lebensmitte zu erreichen und den Schild aufzublasen wie einen Luftballon. Delphine sind große Heiler. Es ist wichtig, Kontakt mit Delphinen zu haben, denn dadurch wird der Schild weit, der Mensch fühlt sich befreiter und kann sich aufrichten. Erkennt. Begreift.

Habe ich richtig verstanden, daß sich durch die Klicklaute der Delphine die beiden Gehirnhälften synchronisieren und deshalb Verstand und Gefühl gleichlaufen und dadurch diese Weitung stattfindet?

Dieses ist richtig. Erkennt. Begreift. Der kosmische Mensch ist vollkommen verbunden. Der Schildmensch hat hier den Verstand und da das Gefühl. Erkennt. Begreift.

D.h. wenn wir schwerkranke Leute zu den Delphinen bringen, kann der Schild sich so weiten, daß der Schmerz sich lösen kann?

Dieses ist richtig.

Wenn wir uns vorstellen, Energie über die liegende Acht, die unsere beiden Gehirnhälften verbindet, zu ziehen, ist das dann hilfreich, um Gefühl und Verstand zu verbinden?

Ja, das ist eine gute Möglichkeit. Doch wenn du verbindest und eine Seite ist leer, was verbindest du dann? Du verbindest Transmitter, mehr nicht. Du verbindest Neurotransmitter, mehr nicht. Somit geschieht nichts. Jedoch, wenn du erlaubst, das Gefühl aus dem Bauch herauszunehmen und in die rechte Gehirnhälfte hineinzugeben, dann ist das eine sehr gute Übung. Erkennt. Begreift. Menschen, die sichtig sind, Menschen die Channel sind, ich möchte sie lieber Botschafter nennen, sie haben Teile des emotionalen Selbstes in der rechten Gehirnhälfte.

Legastheniker?

Haben damit nichts zu tun. Stärke nicht dein Schild mit Legasthenie. Erkennt und begreift. Elyah braucht Farbe.

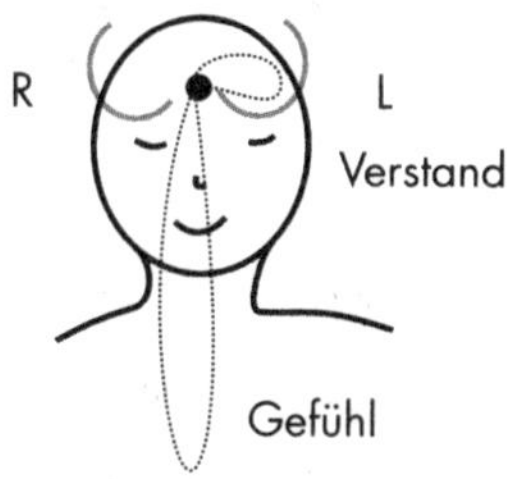

Der Mensch hat ein Gehirn. Die Gehirnhälften sind wichtig. Die Nase male ich holistisch. Ich male Augenbrauen, den Bartwuchs beim Mann, die Ohren. Ist das so richtig für dich?

Ja, klar. (Wir alle lachten.)

Nun erkennt. Begreift. Das Gehirn hat Windungen, sie bilden eine große Oberfläche. Erkennt und begreift. Es ist ein kosmisches Prinzip: eine große Oberfläche ist Einheit. Das ist das Prinzip der Einswerdung von Materie, der Zusammenballung von Materie. Elyah gibt euch ein Beispiel. Ein Ozean hat eine große Oberfläche, er spiegelt eine große Reflexion ins Weltall hinaus und wieder zurück. Diese große Oberfläche besteht aus Myriaden und Myriaden von einzelnen Tröpfchen, die sich zu einem gewaltigen Sein zusammenschließen. Das ist das Prinzip der Fisch- und Vogelschwärme, die durch ihren Zusammenschluß ein größeres Bild ergeben und dadurch ein größeres Bewußtsein erreichen können.

Verbindet das Gehirn mit dem einen Punkt, den ihr drittes Auge nennt. Es entsteht ein Konstrukt in Verbindung mit dem Hohen Selbst, es entsteht ein Lichtschiff. Der Mensch erkennt, kann somit sein Bewußtsein erweitern und kann damit reisen. Das Konstrukt ist nicht abhängig vom Mensch, auch nicht von der Materie. Das ist Elyahs Weg zum Gehirn des Botschafters *(Michael)*. Erkennt. Begreift. Der kosmische Mensch hat dieses integriert. Das ist das Kronenchakra des kosmischen Menschens. Die Definition „Chakren" ist aus dem Sanskrit, aus Indien. Erkennt. Begreift. Die Chakrenlehre ist ein lineares Konstrukt, doch sie kann viel erklären. Jetzt seid ihr platt! Ich habe gelernt, daß ihr das so nennt.

Nach diesem Satz entstand wieder eine Pause, in der wir Michael Elyahs Zeichnung erklärten.

Nein. Die rechte Gehirnhälfte hat keine Emotion. Wenn die Acht wie im folgenden Bild läuft, kann sich kein Lichtschiff bilden, und du kannst nicht reisen.

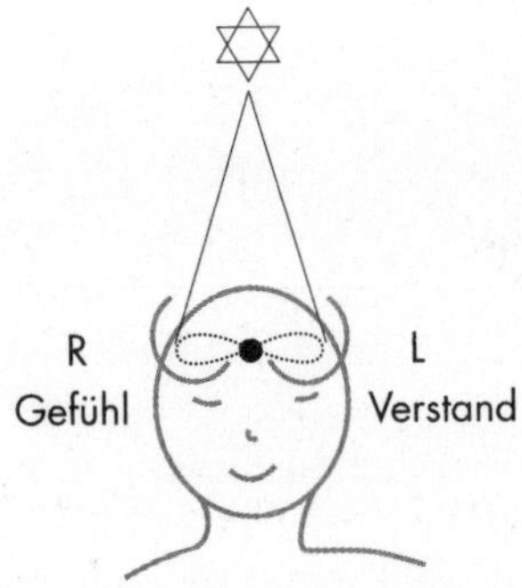

Sonst könntest du mich auf meinem Mond im Großen Wagen besuchen. Du kannst dieses nur mit Phantasie tun. Phantasie sitzt in der Erinnerung an die große Möglichkeit. Der Teil in dir, der Rhubinihus ist, hat immer mit der großen Möglichkeit gearbeitet. Diese große

Möglichkeit war die Vorstufe der Magie und der Veränderung widernatürlicher Grenzen, und somit ist die Möglichkeit der Phantasie eine Reisemöglichkeit in das Wissen von Haus Rhubinihus.

Ist die Erinnerung im Ku, im Emotionalfeld gespeichert?

Ja, auch.

Das heißt Ku erinnert sich an die große Möglichkeit des Verbindens und das ist die Kraft von Rhubinihus.

Ja, das ist richtig. Meister Jesus und das Christentum, haben einen wichtigen Satz geprägt. „Wenn ihr nicht werdet wie die Kinder, werdet ihr das Himmelreich nicht erfahren." Mit Himmelreich meinte er das Sternenwissen. Sternenwissen könnt ihr nicht mit dem Verstand verstehen. Nur in der Kombination von Verstand, Gefühl, Hohes Selbst eröffnet sich das Sternenwissen in euch. Deshalb ist es egal, ob die Hypophyse eine Sattelerbse ist. Die Epiphyse ist nicht wichtig für das Sternenwissen. Für das Menschenwissen ist die Epiphyse wichtig. Hormone, Transmitter werden in der Hypophyse und in der Epiphyse gebildet. Aber das ist nicht wichtig für das Sternenwissen. Denkt nicht kompliziert, erfassen ist wichtig. Löst euch von der Linearität. Elyah lernt Linearität. Der Mensch lernt Holistik. Wir können voneinander lernen. Laßt uns lernen.

Wie bekomme ich dann das Gefühl aus dem Bauch ins Gehirn?

Dieses ist eine gute Frage. Die erste Emotion, wenn die Schilde abgelegt werden, ist: Ich verliere mich. Ich verliere mich, macht in euren Systemen Angst. Das zweite Siegel signalisiert euch, daß ihr Schutz braucht. Wichtig ist zu begreifen, daß den Schild ablegen nicht bedeutet: ich verliere mich. Es geht nicht um das Ego. Den Schild ablegen bedeutet: wir werden eins. So solltet ihr dieses nennen. Dann ist es nicht so schmerzhaft. Gut, nun ist Einheit durch Gelächter hergestellt. Gelächter erzeugt Vibrationen. Elyah kommt auf Vibrationen. Erkennt. Begreift.

Es ist nun wichtig, mit Kapitel 6 anzufangen. Ihr habt sehr viele Fragen gestellt, ihr werdet noch einmal Gelegenheit haben, Fragen zu stellen.

Nun wird euch Elyah Geschichten über die neue Welt erzählen, die den Keim der Hoffnung in sich tragen. Es wird so wunderschön wie eine Märchenstunde für euch sein. Dieses Kapitel wird schön sein, wenn ich werte. Ich lerne Wertung. Es ist nicht „Fantasy“, wie ihr dieses nannt, nein, diese neue Welt ist ganz real. Denn der kosmische Plan ist aus dem Bewußtsein vieler Seelen, vieler Millionen Schildmenschen entstanden und hat sich selbst kreiert. Das habt ihr gut gemacht!

VI

DIE ROLLE VON JUPITER

HILFE KOMMT VON DEN STERNEN. JUPITER NEIGT SEIN ANTLITZ DER ERDE ZU UND HILFT, BEWUßTSEIN AUSZUDEHNEN. DIE SCHILDE WERDEN WEIT UND DURCHLÄSSIG, DIE EINHEIT KANN STATTFINDEN.

Hilfe kommt vom Löwen.

Die Vereinigung erfolgt durch den großen Vater, genannt Jupiter, dessen Prinzip Ausdehnung ist. Jupiter vereinigt sich mit Regulus und die fünfte Dimension ist für Gaia erfahrbar.

Erkennt. Begreift. Es macht nicht plötzlich „peng" und der kosmische Mensch ist da. Die Vorbereitung ist wichtig. Die Zeit von 2000 bis 2012 ist von großer Bedeutung, in der folgendes geschehen wird. Elyah braucht Farbe. Erkennt. Begreift.

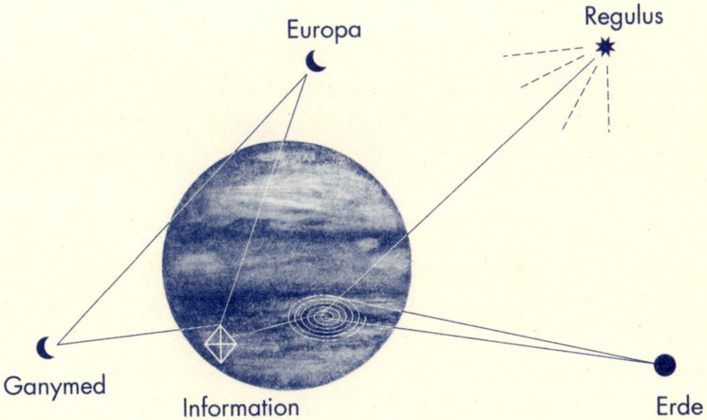

Jupiter ist ein großes Sein, doch der Planet ist weit entfernt vom großen Sein der Erde. Die Erde ist ein Kind des Planetensystems, das sich mit dem Sonnensystem vereinigen wird. In eurer Zeitrechnung wird das in

4,5 Milliarden Jahren sein, wenn ich diese Linearität einmal benutzen darf. Dann hat eure Sonne den Wasserstoffvorrat verbraucht und wird dann zum Stadium des großen roten Riesen anwachsen. Dadurch wird sie alle Planeten in sich aufnehmen.

Und dann wird es ein Sonnensystem sein, und bitte seid ohne Furcht, der Erde droht kein Untergang, denn sie wird selbst dann schon durch das Auge von An durchgegangen sein.

Jupiter war ein wichtiger römischer Gott, und der Vater vieler Kinder, er hatte große Macht. Ihr nennt Jupiter einen großen Planeten, ein wunderschönes Konstrukt der All-Einen Schöpfung. In der Atmosphäre von Jupiter ziehen Nebelwolken herum. Erkennt. Begreift. Ihr entdecktet schon lange den Transponder von Jupiter. Ihr sagt, es sei ein Wirbelsturm, das ist nicht ganz richtig. Ihr seht Jupiter, doch auf Grund der Wolkenhüllen könnt ihr nicht zu ihm durchdringen. Erkennt. Begreift.

Nun male ich die Erde. Hilfe kommt aus dem Himmel, sagen viele Philosophien. Jupiter hat ein großes Bewußtsein. Erkennt. Begreift. Jupiter spielt ein große Rolle, er hat eine große Masse. Jupiter hat auch Monde, sie sind wichtiges Bewußtsein, doch sie sind jetzt noch nicht wichtig für die Erklärung.

Elyah malt mit einer anderen Farbe einen wichtigen Punkt, dieser Punkt ist ein roter *(im Bild Weiß)* Punkt. Rot ist wichtig, es steht für das Aufnehmen von Energie auf der Oberfläche von Jupiter. Diese rot gemalte Konstruktion nennt ihr Pyramide. Ihr lerntet über Pyramiden, daß sie so wie oben auch unten sind. Es ist das Ebenbild der Pyramide von Poseidonis. Es ist das Lernfeld der Einheit. **Transponder sind Lernfelder für Einheit**. Erkennt. Begreift.

Regulus sendet das Licht, das ihr die fünfte Dimension nennt, aus. Wir nennen dieses Licht Ionensturm. Regulus setzt Energie frei und sendet sie zur Pyramide von Jupiter. Diese freigesetzte Energie formt auf Jupiter die große runde Scheibe, die ihr einen Sturm nennt. Durch das Auge des Sturms hindurch errichtet sich eine Verbindung von Jupiter zur Erde hin. Hier strahlt die fünfte Dimension aus. Ein Schwingungsfeld von großer Macht wird errichtet. Eine große Kraft in diesem Sturm entsteht durch die Entladungen, die ihr Blitze nennt. Die Blitze verwirbeln hier im großen Sturm die Kräfte, so daß sie auf die Erde ausgestrahlt werden können. Dieser Sturm hat eine elektromagnetische

Auswirkung auf die Erde. Genauso wie du weißt, daß der Mond auf die Gezeiten wirkt oder auf den Zyklus der Weiblichkeit dieser Erde. So ist es mit diesem großen Sturm, denn in diesen großen Sturm würde die Erde mehrfach hineinpassen! Solche Ausmaße hat dieser Sturm. Die Blitze, die sich dort entladen, sind Kraftentladungen, welche auf der einen Seite zur Erde abstrahlen und hier Einfluß nehmen, das ist das Prinzip der Ausdehnung und das macht diesen Transponder aus und auf der anderen Seite nach innen wirken und diesen Wirbelsturm immer wieder um den Transponder herumkreisen lassen.

Somit kann die fünfte Dimension von der Materie assimiliert werden, die Materie kann diese Energie aufnehmen. So wird die Information weiter gegeben: Vom Lernfeld der Einheit, der Pyramide, über den Jupiterwirbel hinein in die Erde.

Wir versuchten zu verstehen, und Elyah half uns erneut:

Es ist vielleicht für die Leser einfacher zu verstehen, wenn wir einfach eine kurze Beschreibung von Jupiter einfügen:

Jupiter hat keine feste Materie, Jupiter ist ein Gasriese. Das deckt sich auch mit eurer Wissenschaft. Dieser rote Fleck, der von den Astronomen gesehen wird, ist ein riesiger Wirbelsturm. Es handelt sich um diesen roten Fleck. Denn dieser rote Fleck stellt einen Transponder dar. Dies ist der Transponder von Jupiter.

Ihr könnt dieses Konstrukt erzeugen. Erkennt. Begreift.

Welches Konstrukt? Das Lernfeld der Einheit?

Dieses Lernfeld der Einheit in Verbindung mit diesem Wirbel. Denn das ist die Energie, die dabei erzeugt wird. Wie eine Mutter, die ihrem Kind das Laufen beibringt, so werden die nächsten 12 Jahre sein, in denen sich das ganze Bewußtsein verändert. Wir können diese Dauer die Lauflernphase nennen. Es braucht diese Dauer von 12 Jahren, da viele Menschen ihr Bewußtsein verändern werden. Erkennt. Begreift.

Dieser Schumacher-Levy-Komet, der vor ein paar Jahren in Jupiter eingeschlagen ist, war das die Initialzündung?

Nein, es war ein Versuch der Verhinderung von Madokh. Erkennt. Begreift. Ihr nanntet es ein großes Spektakel, ihr nanntet es ein großes Schauspiel. Erkennt. Begreift. So wie Elyah gemalt hat, ist Jupiter im

Juni des Jahres 2001. *(Entspricht nicht unserer Skizze, bei Elyah saß der Wirbelsturm weiter oben. Wir hielten uns an die bekannten Jupiter-Abbildungen.)* Erkennt. Begreift. Der Sturm ist jetzt an dieser Stelle, doch er wird an eine andere Stelle wandern, das muß so sein. Die Achse von Jupiter neigt sich leicht. Erkennt. Begreift. Das wird im Winter publik gemacht werden. Achtet auf die Zeichen, achtet auf die Nachrichten. Das ist wichtig. Begreift, daß ihr schon lange wißt, daß es geschehen wird. Die Sternenebene aus dem Zeichen Wassermann inspirierte eure Bewußtsein. Erkennt. Eine Einheit zwischen dem Bewußtsein von Jupiter und von Mars wird hergestellt. Ihr nennt dieses Bewußtsein das Age of Aquarius, das Wassermannzeitalter. Erkennt. Große Weisheit ist in dem Lied, „this is the Age of Aquarius" *(aus dem Musical Hair).* Denn dann wird Frieden sein auf allen Planeten. Erkennt. Begreift. Dieses Lied ist prophetisch, es enthält eine wichtige Botschaft, es enthält wichtiges Sternenwissen. Erkennt. Begreift. Es hat nichts mit langen Haaren zu tun, sie sind für Sternenwissen nicht wichtig. Lange Haare sind Antennen für Energie, das ist richtig. Erkennt und Begreift.

Die Konjunktion ist wichtig *[...when Jupiter aligns with Mars... (wenn Jupiter in Konjunktion mit Mars geht)]* für das Bewußtsein. Elyah braucht Farbe. Das ist für die Astrologen von Interesse, Jupiter hat Monde. Ein Mond wird Ganymed genannt, er steht in Verbindung mit dem Mond Europa. Erkennt. Begreift. Hier wiederholt sich wieder die Matrix des Lebens. Eine Triangulation bildet sich hier aus, Ganymed verbindet sich mit Europa und mit der Pyramide. Die Pyramide wird geflutet, die Energie dehnt sich aus. Erkennt, begreift. Elyah spricht von der Ausdehnung der Schilde. Jupiter ist ein großer Lehrer.

Begreift die Störung, das Dualitätsthema ist überall im Universum. Die Erde ist die Heilung der Dualität. Achtung, Elyah braucht Farbe. Zu erkennen ist folgendes: das Bewußtsein, das ihr Io nennt, *(wobei Elyah den Namen nicht aussprach!)* ist ein unaussprechliches Sein, es bringt Zerstörung in die Ausdehnung. Bitte arbeitet nicht mit dieser Kraft, sie bildet einen Überrest in einem Paralleluniversum und gehört eigentlich nicht zu Jupiter. Dieses Sein ist in das Gravitationsfeld geraten. Es ist tote Materie, und daher ist es nicht möglich, dieses Sein zu assimilieren.

Die Menschheit hier auf der Erde wird zusammenrücken. Die Menschheit erschafft das Zusammenrücken selbst. Ihr nennt dieses

Prinzip der Kraftlenkung die Umweltverschmutzung. Somit habt ihr ein Problem geschaffen. Ihr seid es aus dem Fischezeitalter heraus gewöhnt, Probleme zu erschaffen, die gelöst werden müssen. Also ist die Verschmutzung ein Problem für die gesamte Gaia. Durch dieses gemeinsam erschaffene Problem, das gemeinsam gelöst wird, wird Fluch zum Segenprinzip werden. Ihr werdet erkennen, daß Grenzen die Giftwolke nicht aufhalten können. Ihr erkennt, Achtung jetzt kommt eine Bewertung, wie primitiv Grenzen sind. Erkennt. Der Mensch ist ein Kosmopolit. Er ist ein Kind der Erde, nicht ein Kind Deutschlands oder ein Kind Frankreichs. Erkennt. Begreift. Diese Phase ist wichtig und sie dauert die nächsten 12 Jahre. Die Menschheit wird mehr und mehr ein Bewußtsein. Somit entsteht mehr und mehr der kosmische Mensch. Es wird Friede und nicht Krieg sein. Wenn jemand anfängt, ein Feuer im Wald zu machen, wird ein anderer kommen und es austreten. Es ist ein wichtiges Prinzip, daß die Menschheit aufeinander achtet. Das Prinzip dieser Zeit ist nicht beherrschen, sondern Beachtung. Somit ist die Möglichkeit für die Erweiterung durch das Lernfeld gegeben, und somit entstehen mehr und mehr Verbindungen dieser Form. Der Frieden hier auf dieser Erde wird geschehen. Erkennt. Begreift. Die Friedensphase ist wichtig. Dann werdet ihr erkennen, daß Tiere und Pflanzen Bewußtseinsebenen sind, die nicht zum Essen da sind. Erkennt. Begreift, sie sind eigene Bewußtseine. Die Phosphorassimilation entsteht. Erkennt. Begreift. Der ATP-Faktor steigert sich. Die Lichtanbindung wird im Körper erhöht. Ihr braucht weniger Nahrung.

Bitte verwechselt das, was Elyah euch sagt nicht mit dem, was eine andere spirituelle Richtung aufweist, die sich mit Lichtnahrung befaßt. Erkennt. Begreift, was die Lichtnahrung beschreibt, ist jetzt im vollen Umfang noch nicht möglich. Später wird es durchaus möglich sein. Erkennt: Ihr seid mit Allem verbunden durch die Assimilation. Das Bedürfnis nach Nahrung fällt einfach weg, es stellt keinen Verzicht dar. Das Bedürfnis ist einfach nicht vorhanden. Ihr werdet viel mehr Freude am assimilieren haben, als am Aufnehmen von Nahrung.

Die Erdenmenschen werden zusammenrücken und werden begreifen, wie wichtig die Erde ist. Die Machtstrukturen werden sich verändern. Erkennt. Begreift, wie schnell dies geht. Es ist noch nicht lange her, da gab es einen Ostblock und einen Westblock. Nun sind sie nicht mehr existent, nur noch in den Köpfen. Doch Vorsicht! Denkt an die Christuspräsenz. Erkennt. Begreift. Es wird ein Friedensreich sein. Die Welle von Krieg läuft aus wie eine Welle am Strand. Die Weiße Bruderschaft und die Weiße Schwesternschaft werden mehr und mehr Bewußtseinsraum in den Köpfen nehmen. Erkennt. Begreift. Die, die ihr Politiker nennt, werden wichtig sein, doch nicht für ihre eigene Macht. Es wird ein Weltrat entstehen.

Du sagst, durch das Problem Umweltschutz, das wir uns geschaffen haben, rücken wir mehr zusammen?

Ja.

Wie siehst du die Entwicklung in Tschernobyl?

Tschernobyl hat Auswirkungen auf die DNS der Menschen, die Strahlungen abbekommen haben, die weckt.

Die weckt ...?

Diese Strahlung weckt in dem einzelnen Feld, in der DNS eine Rotationsform die krankmachend ist. Diese Rotationsform, ihr meßt diese Strahlung in dem Becquerel-Bereich, diese Strahlungen sorgen für eine ganz spezielle Form der Leukämie, den Blutkrebs, und diese Strahlung, die durch das Spalten der Atomkerne entsteht, ist eine lebensfeindliche Energie, denn warum hat das große Ganze, die Quelle-Allen-Seins Atome zusammengefügt? Nicht, damit sie gespalten werden, sondern damit sie Leben erschaffen und nicht damit hier etwas getrennt wird. Nun ein Scherz: Was Gott zusammengefügt hat, sollte der Mensch nicht trennen!

Das sagt Hilarion immer beim Thema Atomenergie.

Hilfe wird aus dem Bewußtsein Jupiter kommen. Tschernobyl wird zugemacht, und die Energie kann nicht mehr strahlen. Habt keine Furcht vor Tschernobyl. Der Mensch hat versucht, Fusion zu spielen, obwohl die Einheit nicht bekannt ist. Es ist ein gefährliches Spiel, nehmt den Kindern die Streichhölzer weg, sie zündeln. Aber die Menschen haben jetzt erkannt, daß sie sich die Finger verbrannt haben. Es war eine Lehre, eine Erfahrung des Fischezeitalters, aber es hat gefruchtet. *(Erfahrung: lernen durch Leiden).*

Aber sie tun nicht wirklich etwas, Elyah, der Sarkophag schmilzt durch?

Ihr Menschen werdet Wissenschaften entwickeln, diese Strahlungen weitgehendst unschädlich zu machen, dieses geschieht durch Inspiration auf der Ebene der Sternenbruderschaften auch aus der Ebene unseres Ashtar Commands. Hier werden zur Zeit sehr starke energetische Strukturen um den Meiler von Tschernobyl gelegt aber auch um auf französische Kraftwerke werden gerade diese Schutzkappen gelegt. Denn bitte, ihr habt euch hier sehr große Zeitbomben errichtet. Die Möglichkeit von Störfällen in diesen Störfeldern ist mit dem Älterwerden der Werke immer größer.

Wichtig. Erkennt. Wir arbeiten an diesem Thema. Tschernobyl wird kein Problem für eure Evolution sein.

Danke.

Mit dem Weltrat wird große Freude entstehen. Die Politiker werden mit dem morphogenetischen Feld verbunden sein. Sie werden sich treffen, sie werden zusammen meditieren und dann erst sprechen. Sie werden zusammen zu ihrem Gott beten, jeder hat einen anderen, doch das ist egal. Sie werden zu ihrem Gott rufen und beten, so öffnet sich das Hohe Selbst der Menschheit. Die Weiße Bruder- und Schwesternschaft wird zu den Politikern sprechen und sie werden Hinweise geben. Die Politiker werden dann über ihre Erfahrung mit Hilarion, mit Nada, mit allen Bewußtseinsebenen sprechen. Elyah und die 12 Häuser werden Information und Sternenwissen in die Ebene der Weißen Bruderschaft mit hineingeben. So verknüpfen und verbinden sich die Ebenen liebevoll, und die Menschheit wird unterrichtet. Dann werden sie sich zusammensetzen und große Debatten machen. Es dauert, bis Linearität verlernt wird. Dann werden sie Beschlüsse fassen, nicht Beschlüsse für Deutschland, nicht Beschlüsse für Frankreich, sie werden Beschlüsse für eine Erde fassen. Dieses ist der Funken der Hoffnung.

Wer ist der Vorreiter dieses Bewußtseins?

Einige sind jetzt geboren, sie werden jung Politiker sein. Erkennt und begreift.

An dieser Stelle verließ Elyah Michael und wir besprachen das Erfahrene. Wir diskutierten über den Kometen Schumacher-Levy und über die

Achsenverschiebung, die ja auch immer wieder für die Erde vorausgesehen worden ist, inklusive der Polsprungideen, und andere mögliche Katastrophen.

Ich habe gelernt, Achsenverschiebung löst in euch Angst aus. Lernt folgendes: es macht nicht „blubb“ und die Achse ist verschoben. Es ist eine Evolution, es ist ein Prozeß. Jupiter hat seine Achsen schon immer langsam verschoben, dadurch veränderte sich die Achse der Erde. Jupiter ist eine große Masse. Ein großer Planet hat Auswirkung auf die Umlaufbahnen aller Planeten. Wenn die Achse sich verändert, kommt Gaia in die Möglichkeit, eine neue Umlaufbahn zu entwickeln und somit die Dimensionen wieder zu verbinden. Somit ist Gaia wieder Heilungs-Bewußtsein. Somit wird Gaia zum neuen Madokh.

Bitte denkt nicht, das geschieht in 2 Tagen. Es sind lange Abläufe und somit wird die Heilung gebracht, nicht die Zerstörung. Ihr denkt immer Achsenverschiebung ist Zerstörung. Nein, die Verschiebung bringt Heilung. Ihr werdet feststellen, daß der große Wirbelsturm, der große rote Fleck, ein Stückchen nach oben gerutscht ist. Das hat Auswirkungen auf Jupiter. Jedoch nicht Zerstörung, sondern die Wolkenschicht reißt immer mehr und mehr auf. Ihr könnt dann die Oberfläche leichter sehen und dann fängt der Transponder von Jupiter an, die Energie der fünften Dimension auf die Erde hineinzustrahlen. Erkennt und Begreift.

Elyah gibt keine Heilversprechen, keine Endzeit-Vorausschau. Elyah sagt, eure Evolution geht weiter, sie wird kosmischer sein. Elyah verspricht euch keine schöne, neue, heile Welt. Das geschieht jetzt schon. Erkennt. Die Gründung der WHO *(Weltgesundheitsorganisation)* ist ein Vorbote. Erkennt. Völkerbündnisse sind Vorboten. Elyah nennt es Schilderweiterung. Erkennt. Begreift.

Dorthin geht die Evolution. Elyah erklärt weiter, was ihr schon tut. Erkennt. Begreift. Der Mensch ist nicht böse. Ihr denkt immer sofort, der Mensch will Böses. Nein. Der Mensch hat einen guten Kern. Und erkennt, jetzt wird der gute Kern zum Baum, ein guter Baum trägt gute Früchte und alle werden satt. Erkennt. Begreift, wie wichtig die Menschheit ist. Die Schilde sind dafür verantwortlich, daß ihr böse vom Menschen denkt. Geht nicht in die Wertung. Der Mensch ist ein Sternenwesen und, wenn Elyah werten darf, damit ihr versteht, er ist ein gutes Sternenwesen.

Elyah möchte die Geschichte von Gaia weitererzählen. Gaia ist ein wichtiges Prinzip der Heilung. Erkennt das in den Kapiteln 1, 2, 3. Begreift.

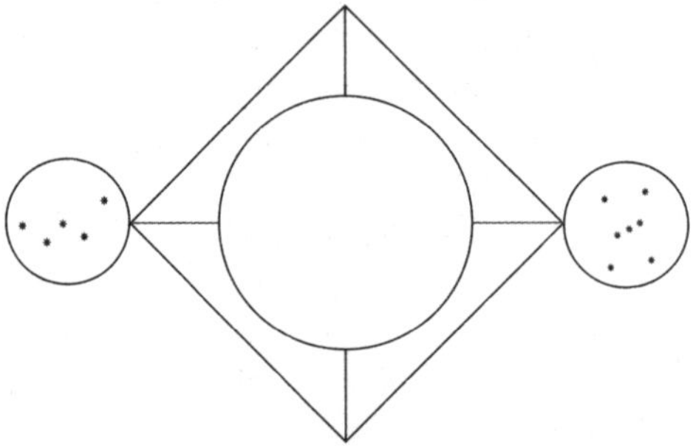

Die Menschheit wird eins. Nun ist der Zeitraum der Lernerfahrung. Nun entsteht folgendes: Das Lernfeld der Einheit ist Gaia. Hört auf den Klang aus eurer Lebensmitte, der euch zum kosmischen Menschen macht, der Gaia ist. Hier begegnen sich Orion und Cassiopeia und lernen die Schilde aufzulösen. Was im Kleinen entsteht, entsteht im Großen, und das bildet sich auf Gaia. Es ist eine große kosmische Einheit, Gaia wird die Einheit in großer Harmonie vollenden. Gaia ist nun der Mittelpunkt, das Zentrum im Universum der Dualität.

Ein Rat der Sterne entsteht. Roddenberry *(der „Erfinder" von Startrek)* wußte dieses. Dann kommen andere Welten:

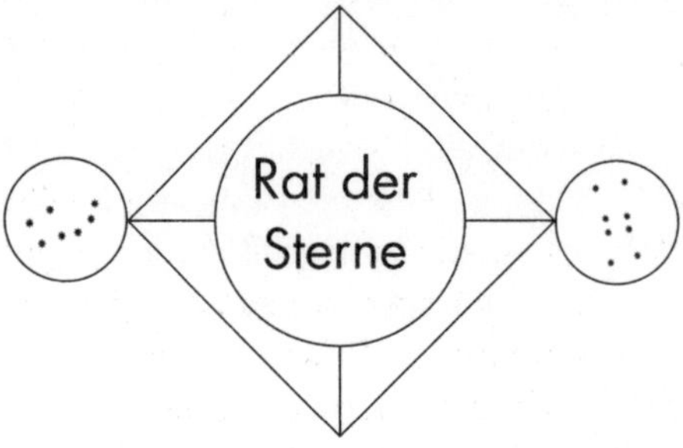

Zuerst kommt Herkules, dann kommen die Plejaden, so entsteht der Rat der Sterne, der das Lernfeld der Einheit ist. Diese Energie transformiert alle Bereiche. Die Heilung aller Systeme entsteht. Darum ist Gaia der neue Madokh.

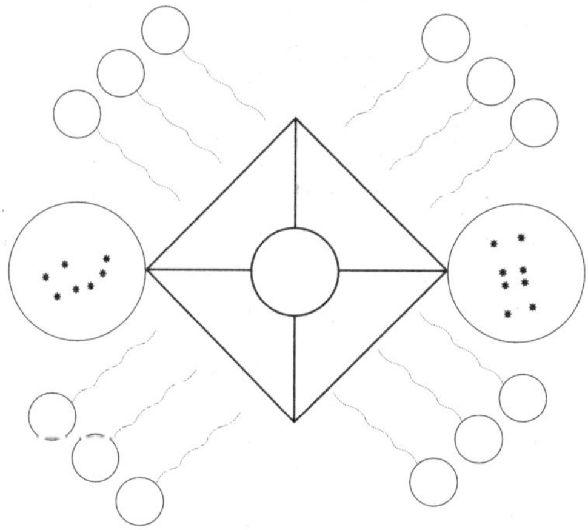

2112 ⟶ * * * * = Unendlich = Ewigkeit

Heilung entsteht. Die 12 Häuser sind Cassiopeia, hier als Kugeln gemalt. Die 12 steinernen Tafeln schwingen, klingen und sind alle vereint. Die Unendlichkeit ist. Ihr nennt es Ewigkeit. Erkennt. Begreift. Gruppen von Philosophien weisen darauf hin. Bei den Christen kommt Jesus wieder, um Frieden zu bringen, die Buddhisten haben das Nirvana, das große Nichts, was große Einheit ist. Die Gruppe der Zeugen Jehovas sprechen vom ewigen Glück, sie nennen es die Einheit der Systeme. So weist jede Religion auf Gaia als Planet der Heilung hin. Erklärt dem Leser, **du bist der Planet der Heilung in deinem Universum**. Dieses ist wichtig: du bist nicht ein Planet der Zerstörung, du bist der Planet der Heilung. Höre auf, zu zerstören. Heile. Mache eins. Sei du der Rat der Sterne, sei du der Rat der Einheit in deinem Universum. Du bist ein Mikrokosmos in einem Makrokosmos. Einheit im kleinsten Teil, Einheit im größten Teil.

Erkenne. Begreife, viele, viele einzelne Sterne *(Zellen)* bilden einen Verband, du nennst diesen Verband deine Haut. Erkenne. Begreife. Du siehst den Sternenhimmel, du siehst nicht einzelne Sonnen. Du wirst die Einheit sehen. Die Kräfte der Gravitation, die Kräfte der Schwingung und Strahlung haben Auswirkung auf alle Teile im Universum. Es ist eine große kosmische Einheit. Gaia wird die Einheit in großer Harmonie vollenden. Gaia ist nun der Mittelpunkt, das Zentrum im Universum der Dualität. Dann ist die Heilung geschehen. Dann nimmt Heilung überall Raum. Das ganze Sein in den Quellen. Die Energien des Universums richten sich auf Gaia aus, denn Gaia ist das Bewußtsein der Heilung, ist geistdurchwirkte Materie, welche Heimat schafft. Gaia ist wichtig. Erkennt. Begreift. Ich erzähle euch ein schönes Märchen, eine schöne Geschichte. Die Geschichte habt ihr geschrieben. Elyah dankt dem Sternenkind Mensch für die schöne Geschichte, die Elyah lehrte. Erkennt. Begreift. Ihr seid wichtig. Macht euch nicht klein, ihr dürft euch groß machen. Ihr seid groß, ihr seid wundervolle Geschöpfe, ihr entdeckt das Universum und andere Sterne. Nun findet Begegnung und Assimilation statt, nun ist keine Feindschaft mehr.

Das ist Kapitel 6. Es ist wichtig, jetzt zu begreifen. Doch hier ist nun die Lehre für das Buch Erdenwege beendet. Erkennt. Begreift.

Danke, Elyah.

Danke euch!

Es wird wichtig für Kapitel 6 sein, gezielte Fragen zu stellen, damit Elyah gezielte Antworten geben kann. Erkennt. Begreift. Stellt nicht nur Fragen des Verstandes, stellt auch Fragen des Gefühles. Dies ist wichtig. In der Abendkommunion wird Elyah für Einheit von Mikrokosmos in Einheit von Makrokosmos singen.

Elyah gibt eine zweite Übung. Wichtig. Erkennt. Ihr habt die erste Übung gelernt, genannt Lernfeld der Einheit.

Assimilationsübung

Wenn wir im Drama sind, wenn wir nicht verstehen, sind unsere Gehirnhälften nicht verbunden. Die Synchronisation der Gehirnhälften ist überaus wichtig, damit unser Bewußtsein sich weitet. Stelle dir das Symbol horizontal auf deiner Stirn vor, der mittlere Punkt ist das dritte Auge.

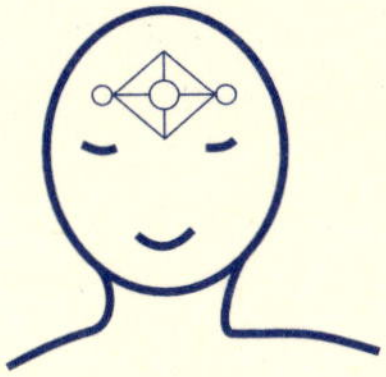

Dann drehe das Symbol, so daß eine Kugel auf deiner Nasenwurzel entsteht und die andere Kugel in Richtung Delphinauge weist.

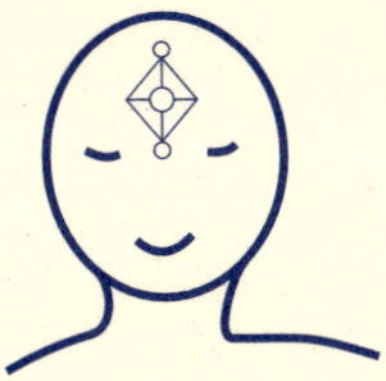

Die Kugel unten steht nun z.B. für dein emotionales Sein und all deine Wehen oder Freuden. Emotionen jedweder Art speise nun bitte aus deiner Lebensmitte *(Solarplexus und Herzchakra)* in diese Kugel hinein, bis sie vollgelaufen ist.

Ist das erreicht, dreht sich das gesamte Konstrukt und positioniert sich nun waagerecht auf deiner Stirn.

Um etwas besser zu lernen oder zu verstehen, flute die mentale Energie in die untere Kugel bis das Konstrukt sich dreht und ebenso weiter. So können wir viel schneller lernen.

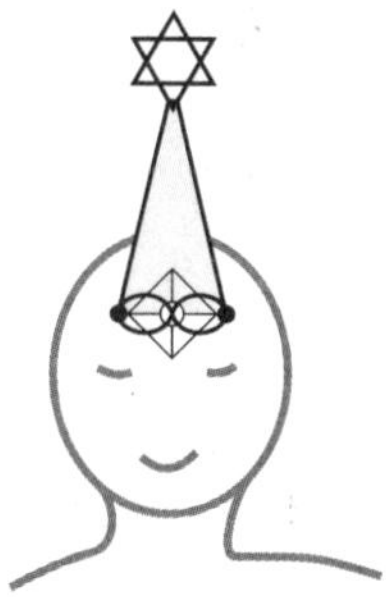

Sofort verbinden sich die Gehirnhälften, und nun gehe bitte in deinen Hohen Selbst-Kontakt und flute dein ganzes Konstrukt mit der Hohen Selbst-Energie.

Damit bist du in Harmonie und die Christuspräsenz kann wirken. Du verstehst die von dir erschaffene Situation und kannst in Einheit handeln.

Göttlicher Kern

Um unsere göttliche Präsenz zu erhöhen, ist es wichtig, auch unseren göttlichen Kern zu assimilieren:

Diese Übung beruht auf der Basis der Assimilationsübung.

Verbinde dich mit deinem Hohen Selbst.

Ziehe die reine göttliche Essenz deines Hohen Selbstes in deine Lebensmitte hinein.

Speise diese göttliche Essenz in die untere Kugel bis diese sich dreht.

Jetzt wird dein Gehirn mit göttlicher Präsenz geflutet.

Die göttliche Kraft breitet sich nun in deinem gesamten System aus und du kommst in den Zustand der Konsequenz der Liebe.

Dadurch erhöht sich die Potenz unserer göttlichen Präsenz in unseren Feldern und unsere „Schilde" werden immer dünner.

Erkennt an diesem Punkt die Wichtigkeit der Kugel des Verstandes. Ihr habt euch jetzt um die Energien der Emotion gekümmert. Lernt. Begreift. Erkennt. Ihr könnt viel leichter lernen. Wenn ihr Mathematik lernen wollt, gebt die Energie der Mathematik in die Kugel des Verstand hinein, somit wird auch ein Gleichgewicht hergestellt. Diese Energie verbindet sich im Gehirn durch die liegende Acht mit der Energie der Emotion. Mathematik wird so erfahrbar. Eine Energievermischung findet statt. Gebt sodann die Energie der Mathematik in das Hohe Selbst hinauf. Das wird die Urzelle der kosmischen Quantenphysik sein. Erkennt. Begreift. So ist es auch mit Kochrezepten, mit Sprachen möglich, es ist mit allen Dingen, die ihr auf der linken Seite eures Gehirns lernt, möglich. Erkennt. Begreift.

Nun ist „happy hour", Elyah beantwortet eure Querbeetfragen, stellt Fragen zielgerichteter Natur.

FRAGEN AN ELYAH ZUM SECHSTEN KAPITEL

Nenne uns bitte noch mal in ihrer präzisen Reihenfolge die 12 Häuser und ihre Eigenschaften?

Dies ist eine lustige Frage. Ich beantworte sie dir jetzt nicht. Das ist Wissen für das nächste Buch.

In Kapitel 6 nennst du Jupiter den großen Vater, in einem anderen Kapitel hast du Mars den Vater genannt? Kannst du das erklären, bitte?

Mars und Venus sind die Gründungsenergien für die Erde in eurem Planetensystem. Es ging um die drei blauen Planeten. Denn als Mars, und das erklärte ich, eine Hülle hatte, eine Atmosphäre hatte, war auch Mars blau. Es sind die drei Planeten des inneren Kreises und dies sind die sogenannten blauen Planeten. Ihre Blau-Schwingungen waren dem cassiopeianischen Blau sehr ähnlich, das nun in diesem ersten Meisterjahr ab Juni weltweit einfließen wird. Und dieses Blau ist das Jahr der Gründung. Nun zu der Frage nach Jupiter. Jupiter ist der größte Planet, und das vatersymbolische Bewußtsein entnahm ich aus den Wissenspeichern eurer Inkarnationen, denn in der Zeit, da von Rom eine Weltmacht ausging, war Jupiter einer der Götter und somit wurde der größte Himmelskörper, den ihr sehen konntet, in eurem Planetensystem mit Jupiter dem Gott der Väterlichkeit gleichgesetzt. Darum gebrauchte ich hier Cassiopeia.

Die Erde ist ein Kind des Planetensystems, das sich mit dem Sonnensystem vereinigen wird.

Stimmt.

Diese Frage betrifft das Symbol des Lernfeldes mit den 2 Kugeln. Die Frage tauchte auf, als ich das den anderen beibrachte. Wie herum muß sich das Symbol drehen, wenn die Gefühlskugel voll ist?

Witz.

Für mich ja, aber die Frage war da.

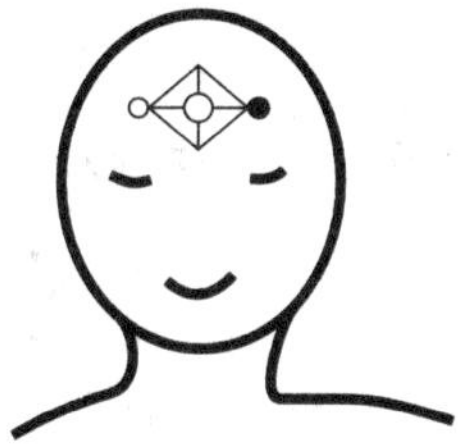

Es ist egal in welcher Richtung, dieses ist eine Frage des Verstandes, es ist eine Schildfrage.

Wenn dieses Symbol dann richtig liegt (gerade auf der Stirn), dann erst gehe ich in den Hohen Selbst-Kontakt?

Dieses ist wichtig. Der Kontakt zum Hohen Selbst geschieht aus Einheit. Sehr wichtig.

D.h. erst dann mache ich meine Anrufung?

Richtig.

Wenn ich diese Qualität der Einheit z.B. in Wasser speise oder in Globuli, dann tue ich das über das dritte Auge? Die Gesamteinheit, die dann erzeugt ist von dem Lernfeld mit den 2 Kugeln Hohes Selbst ...

Ich kenne die Übung, ich habe sie entwickelt. Es ist wichtig, dir zu sagen: Ja. Du speist über das dritte Auge ein, eine Triangulation entsteht. Aus beiden Gehirnhälften wird ein Strahl gelenkt, der sich im dritten Auge fokussiert, und dann wird dieser Strahl in die Globuli, in das Wasser, wo immer du möchtest, hingelenkt.

Und das ist ab jetzt die Grundübung vor allen anderen Übungen?

Dieses ist richtig. Damit erweckst du kosmisches Bewußtsein.

Also zum besseren Verstehen noch mal den Ablauf ... anstatt der Zentrierungsübungen, die wir bis jetzt vor den jeweiligen Übungen gemacht haben, machen wir nun die Assimilationsübung?

Ja.

Gut. Wenn ich dann über das dritte Auge dies in einen Kristall einspeise, dann habe ich ein gerichtetes Ziel. Kann ich das auch über das Herz ausstrahlen?

Du hast keinen Kraftfokus, der sich Herz nennt. Dies ist ein großer Irrtum. Der große Energiefokus umfaßt die Brust und den Bauchraum. Ihr nennt diesen Fokus Lebensmitte. Es geht um die Verschmelzung, stolpert nicht über die Chakrenlehre. Wenn du die Chakrenlehre nimmst, warum nimmst du dann nicht auch das Kasten-Bewußtsein, denn das ist eng verbunden mit der Chakrenlehre. Pickt euch nicht einfach die Rosinen aus dem Kuchen. Chakrenlehre und Kasten-Bewußtsein ist eine Einheit. Etwas davon herauszulösen, ist ein gutes Modell zur Erklärung. Der Solarplexus hat auch Herzqualität.

Kraftvolle Liebe und liebevolle Kraft.

Richtig.

Der obere Teil vom Solarplexus ist dann quasi die Freude, der untere Teil steht für das Drama?

Erkenne. Begreife die Kraft. Die Chakren sind nur ein Erklärungsmodell. Löse dich von diesem Modell. Fokussiere die Kraft. Du fokussiert die Kraft und so entsteht neues Erkennen, eine neue Erkenntnis. Erkennt, daß Hierarchien willkürlich sind. Auch das chakrische Modell ist ein Modell. So entsteht die Vermischung.

Bedeutet das auch, wenn ich bei einem anderen Menschen auf eine Resonanz treffe, er tut irgendetwas, macht irgendetwas, sagt irgendetwas, dann nehme ich die Energie von ihm in meine Lebensmitte, speise sie hoch zu der Kugel, drehe das um, gehe in Hohen Selbst-Kontakt, dann ist Einheit für mich erst mal hergestellt?

Nein, das ist nicht richtig. Die Einheit ist für dich hergestellt. Doch du strahlst automatisch zu deinem Gegenüber, der diese Resonanz erzeugt, ein Angebot für Assimilation und Einheit aus. Somit erzeugst du ein Heilungsfeld.

Das bedeutet also, ich muß dann, wenn die Einheit hergestellt ist, kein extra Gebet mehr sprechen, eine Kraftlenkung machen oder eine Antwort geben?

Dieses ist richtig.

Kann ich dieses Symbol der Einheit, wenn ich dich richtig verstanden habe, dann z.B. auch in irgendetwas hereinsenken, was jetzt nicht in Harmonie ist, in ein Knie, in eine Pflanze, in ein Tier?

Wenn du erkennst, ob Einheit dort ist oder nicht. Wichtig! Vorher erkennen, bevor du in die Einheit gehst. Zuerst begreifen, dann verstehen.

Nicht ganz, erkläre das bitte noch einmal.

Woher willst du wissen, ob die Pflanze nicht in der Einheit ist, nur weil sie die Blätter hängen läßt. Erforsche das ganze System, nicht nur die Blätter sagen, hier ist nicht Einheit. Schau, ob die Erde trocken oder schlecht ist, ob es einen Parasitenbefall gibt usw. Dann entscheidest du, erkennst du, dann kannst du sagen, ob die Pflanze nicht in Einheit ist. Dann handelst du.

Ja. Okay. Könntest du uns für dieses Symbol, Lernfeld der Einheit, einen kurzen schönen Namen geben?

Assimilationsübung.

Wunderbar. Vielen Dank.

Denn dieses Feld der Einheit lehrt euch Assimilation.

Wenn wir diese Übung anstatt mit dem Emotionalkörper mit dem Mentalfeld machen, drehen wir dann auch dieses Lernfeld der Einheit?

Ja.

Und es dreht sich, ohne daß wir auf den Emotionalkörper achten?

Ja, es bildet ein Waagesystem.

Ja.

Wenn ich mich mit meinem Hohen Selbst verbinde, verbinde ich mich letztendlich mit dem morphogenetischen Feld der Christuspräsenz. Ist das so richtig?

Das ist richtig.

D.h., dies ist aber auch das morphogenetische Feld von Gaia?

Das morphogenetische Feld hat verschiedene Schichten, genau gesagt 11. Elyah nimmt hier Bezug auf das nächste Buch. Es gibt 11 erdähnliche Planeten. Diese Erfahrungsmasse ist in das morphogenetische Feld eingespeist.

Okay. Das bedeutet also, ich gehe auch über die Assimilationsübung in den Kanal?

Das ist richtig.

Können wir noch weiterfragen?

Darum bin ich da.

D.h., ich brauche keinerlei Übungen der verschiedenen Musterauflösungsübungen mehr? Ich brauche keine Rama Integration Übung mehr zu machen? (siehe Sternenwege)

Techniken verstärken Schild.

Auch nicht die essenitische Übung Uriel-Flammenschale?

Auch Uriel-Flammenschale. Damals war es wichtig. Die Zeit hat sich verändert. Das Fischezeitalter ist vorbei. Das ist eine Übung einer anderen Epoche.

Und die alten Übungen, die Hilarion uns gegeben hat, wie zum Beispiel Auflösung von Schuld, Lösung von Ahnenreihen, Lösung von Scham, die wir jetzt auf CD gemacht haben, – sollen wir jetzt alle diese Übungen weglassen?

Verändert sie, spielt diese Energie in die Lebensmitte ein und strahlt sie in das Symbol des Lernfeldes der Einheit auf eurer Stirn hinauf. Erweitert die Übungen.

Okay.

Da wir noch Schilde haben, funktioniert dann überhaupt das, was wir eine chakrische Verbindung nennen und funktioniert dann überhaupt Clearing über chakrische Verbindung?

Ja, denn die chakrische Verbindung hat die Form der Lemniskate, sie bildet einen Punkt im Schild, durchdringt und bildet einen zweiten Punkt. Das ist durchaus möglich. Die Schilde müssen nah beisammen sein, damit dieses geht, dann ist eine chakrische Verbindung möglich, wenn wir im System von Chakren sind.

D.h., wenn ich auf Resonanz bei jemandem gehe, dann spiele ich meine Resonanz hoch in die untere Kugel, wenn ich aber gleichzeitig meine Lebensmitte über eine liegende Acht mit seiner Lebensmitte verbinden würde, könnte ich den Auslöser seiner Resonanz auch gleich mit in meine Kugel hochspielen. Das wäre doch doppelt gemoppelt, wie wir so sagen, und effizienter?

Das ist richtig. Du nimmst damit anderen die Energie. Ich nenne das einfach Vampirismus.

Ooh!

Aber ich gebe ihm doch durch das Angebot wieder Energie zurück?

Du nimmst ihm die Erfahrung seiner eigenen Kraft und Göttlichkeit. Er macht diese Übung selbst und somit erweitert er sich.

Und wenn er sie noch nicht hat oder noch nicht kann?

Dann wirst du ihn unterrichten.

Ich habe Fragen zu den Rassen, die aus der Hohlwelt kommen. Kannst du uns die 6 Rassen nennen, und gibt es diese noch oder sind sie alle kristallin bis auf Feen und Elfen?

Alle sind kristallin bis auf die Feen und Elfen, wie du sagst. Dieses ist Bestandteil des nächsten Buches. Wir nähern uns nun dem Wissen des folgenden Buches. Bitte, ich möchte jetzt nicht noch das folgende Buch anfangen. Das System Michael ist sonst überfordert. Bitte habt ein bißchen Geduld bis August.

Soll ich dann mit meinen Fragen warten?

Das wäre besser so.

Gut, ich werde mich in Geduld üben.

Geduld ist eine schöne Energie. Geduld kann Schilde stärken. Vorsicht!

Also kann ich jetzt doch weiterfragen?

Das ist deine Entscheidung. Es ist meine Entscheidung, ob ich antworte. Linearität ist ein schönes Spiel.

Vielleicht ein paar.

Im Jahr 2012 werden die Feen und Elfen und die anderen Rassen auch zu kosmischen Feen und Elfen? Gehen die Zwischenreiche durch die gleiche Entwicklung?

Nein, sie haben es nicht nötig. Sie sind ja schon verbunden im kosmischen Menschen. Es sind 3 Stämme, welche den kosmischen Menschen kreierten.

Also mit anderen Worten, sie werden sich auflösen?

Nein, sie werden weiter sein.

Aber ohne Schild?

Ohne Schild.

Ist es sinnvoll, die Welten der Feen und Elfen der menschlichen Welt durch unsere Phantasie wieder näher zu bringen, damit sie wieder mehr in das Leben kommen?

Guter Vorschlag, mache das.

Gut, dann ist meine Neugier gestillt. Danke schön.

Du sendest eine Energiephalanx aus, ich bewerte diese Energiephalanx nicht, doch der Speicher dieses Gehirns sagt, du lügst.

Oh.

Lüge ist nichts anderes als den Schild aufrichten, als den Schild polieren. Du hast viele Fragen, aber Elyah wird sich bemühen, alle Fragen zu beantworten. Um in der Linearität zu sprechen: zu ihrer Zeit.

Danke dir.

Wir haben bis jetzt die Anrufung immer in der Ich-Form gemacht. „Ich rufe dich an." Ist es sinnvoll, dies sofort zu verändern und zu sagen: „Wir sind das Wir"?

Nein, jetzt noch nicht. Das wäre eine Überforderung. Erkenne. Begreife. Nach und nach werden die Menschen selbst auf die Idee kommen und dann verändern sie den Text der Anrufung. Elyah wird einen neuen Anrufungstext geben. Einen kosmischen Anrufungstext. Dieser Text verbindet dich nicht nur mit deinem Hohen Selbst, er verbindet dich nicht nur mit dem Hohem Selbst aller Völker, sondern auch mit dem morphogenetischen Bewußtsein der gesamten Menschheit.

Völker? Du meinst nicht nur die Völker der Erde, sondern auch die Völker des Universums?

Nein, die Völker der Erde als kosmisches Bewußtsein. Wundervoll. Doch dies ist noch zu früh. Übt erst Einheit, damit ihr versteht.

Mir passiert es manchmal in Meditationen oder manchmal, wenn ich im Kanal bin, daß ich elektrische Wellen im Körper habe, mal sehr stark und mal sehr sanft. Ist das irgendetwas, was mir durch den Schild zurückgeworfen wird oder ist es das Hohe Selbst oder kommt da doch irgendetwas durch den Schild?

Nein. Es kommt nicht etwas durch den Schild. Es sind Blockaden, es sind Widerstände. Du definierst Blockade und Widerstand als angenehm und meinst, eine große spirituelle Erfahrung zu machen. Eine große spirituelle Erfahrung wäre es, wenn es still ist. Erkenne. Begreife. Das Schütteln stärkt die Schilde. Du schüttelst gern.

Diese elektrischen Wellen sind Blockaden?

Bitte. Spiritualität ist nicht: Ich spüre! Ich spüre! Spiritualität ist ein großer, ruhiger Fluß.

Was ist mit den Triangulations- und Siegeltechniken?

Das sind wichtige alte Techniken aus dem Haus Enock, die ihr kennt. Triangulation und Siegel, die über die Lebensmitte gelenkt werden, sind nicht aufgehoben. Erkennt. Sie bilden ein Kraftfeld, ein einheitliches Bewußtsein. Verbindet diese Techniken nun mit der Assimilations-Übung, so erzeugt ihr kosmische Energie mit Kraftlenkung. Das hat große Effizienz. Alle Ebenen sind dann vereinigt.

Danke.

Inwieweit wirkt sich das Lernfeld in der Internetvernetzung in unserer Welt aus? Wenn ich das Symbol des Lernfeldes in den Computer einspeisen würde, wäre das eine Hilfe, um den Prozeß für uns alle zu beschleunigen? Wie verhält sich dieses?

Das Symbol hat große Kraft. Du kannst es auf Briefpapier drucken. Du kannst es ins Internet geben, du kannst es auf Klopapier malen, auch das möglich ist. Das ist kein Witz. Das Klopapier geht ins Wasser, von dort in die Kanalisation, damit wird das Bewußtsein weitergegeben an die Wesenheit Ratte, an die Wesenheit Bakterie, alles ist möglich, somit wird alles durchdrungen. Du kannst dieses Symbol überall hin tun, ich finde es ist ein schönes Symbol. Dadurch entsteht der Fokus einer Lichtsäule, die direkt mit meinem Mond im Großen Wagen und mit Cassiopeia verbindet. Eine Lichtsäule der Einheit.

Sollen wir Aufkleber drucken?

Schöne Möglichkeit, so entstehen Lichtsäulen auf den Autos.

Wenn du dann soweit mit uns fertig bist...

Jetzt bin ich fertig mit euch. Das Baby, das ihr Buch nennt, ist geboren. Jetzt freut euch, nicht grübeln. Heute Abend werde ich zum Mikrokosmos im Makrokosmos singen. Ich werde singen, und ein Teil der Kommunion ist in der Sprache von Sirius. Dies wird eine Überraschung für euch sein. Die Worte werdet ihr nicht verstehen, doch die Energie spürt ihr.

Vielen Dank von uns allen, liebe Elyah.

Elyah dankt dem Sternenkind Mensch für seine Schönheit und seinen Mut, in die Einheit zu gehen.

Einheit ist!

Danksagung

Wir möchten uns bei allen unseren Geschwistern bedanken, die das Entstehen von Elyahs erstem Buch durch Fragen, Gebete und persönlichen Einsatz unterstützt haben.

Im Besonderen danken wir der gesamten Foundation Crew, die immer flexibel genug war, einfach „schnell" in die Vogesen zu fahren, um zuzuhören und immer wieder mit Geduld auf die nächste Durchgabe zu warten. Wir danken Katharina, die immer einen Apfelpfannkuchen für Michael bereithielt, wenn es gerade nötig war. Sie verteidigte Trixas Schreibklausur wie ein Zerberus und schob ihr von Zeit zu Zeit einen Teller mit Essen vor den Bildschirm.

Wir danken Conny für das Tippen der scheinbar unendlichen Kassettenfluten und Sabine für die Grafiken, sowie viel aufbauendes Lachen und Mutmachen. Wir danken Kalyani, Andrea und Christa für das Korrekturlesen und für ihre Freundschaft. Wir danken Antje, die immer wieder Michaels Muskeln weichknetete und die Trixa viel Inspiration in scheinbar unendlichen Gesprächen gab. Ich, Trixa, danke meinem Vater, der immer weiterwußte, wenn ich keine Erklärung oder Schreibweise mehr im Brockhaus fand, und ich danke Gabrielle für Eilat. Im Besonderen danke ich Michael, daß er sein ganzes Sein für die Assimilation mit Elyah zur Verfügung gestellt hat.

Wir danken Ivan und der Crew vom Lichtrad Verlag für das Vertrauen in unsere Arbeit.

Wir danken Hilarion, der auch hier wieder viel geholfen hat, die richtigen Worte zu finden, und Nada für die Christuskraft der Verwirklichung und dafür, daß sie Michael so liebevoll durch die nicht immer einfache Phase der Assimilation geleitet hat, und immer wieder unser aller Nerven mit Stärke durchtränkt hat.

Wir danken dem Essenervolk für seine Weisheit und Schulung und allen unseren Lehrern, die uns auf unserem Weg begleitet haben.

Wir danken Elyah für all das wundervolle Neue, für das Abenteuer in Freude, das unser Leben und unser Bewußtsein ständig erweitert.

Mahalo nui
Shalom und Aloha
Trixa und Michael

LCC im Januar 2001

Wir über uns:

Trixa und Michael arbeiten seit vielen Jahren als Botschafter für die Weiße Bruder- und Schwesternschaft und geben ihre Erkenntnisse in Seminaren und Einzelsitzungen weiter. 1995 erschien Trixas Buch *Sternenwege*, auf diesem Buch baut Elyahs Botschaft auf.

ELYAH NETWORK

Wie setzen wir Elyahs Wissen um?

„Wir“ sind eine Gruppe von Menschen, die sich zusammengetan haben, um miteinander Elyahs Weisheiten in unserem AllTag zu leben und weiterzugeben.

„Wir“ kommen aus unterschiedlichen philosophischen und spirituellen Schulen, wir sind überkonfessionell und betrachten jeden Menschen als Bereicherung.

Wir wollen mit vielen Menschen zusammenarbeiten und ein Netzwerk der kosmischen Menschen bilden. Hier arbeitet Elyah mit uns ***für*** Menschen und mit Menschen. Wir möchten Hoffnung geben und Möglichkeiten aufzeigen, friedvoll und respektvoll ***mit*** uns und auf unserem Planeten im bewußten SEIN und in Freude und Fülle zu leben.

Dazu veranstalten wir dezentrale Lesungen, Vorträge, Wochenendseminare sowie Einzel- und Gruppensitzungen.

Wir wünschen uns die Zusammenarbeit mit Zentren, Buchläden und engagierten Menschen, denen die ganzheitliche und liebevolle

Erweiterung des bewußten Seins am Herzen liegt. Elyah plant hier wiederkehrende Schulungen speziell für die Mitmenschen der einzelnen Orte und Plätze.

REISEN

Ein Teil unser Aufgabe ist es, verschiedene Plätze der Erde zu aktivieren und zu harmonisieren. Die Absicht dieser „Pilgerreisen" ist neben der Schulung des Bewußtseins der Menschen auch die Erhöhung der Energien des Landes und das Zusammenführen der verschiedenen irdischen und kosmischen Ebenen. Im Juni des Jahres 2001 fahren wir nach Yukatan, um unserem Auftrag gemäß die Siegel zu lösen.

TRAINING

Ab 2001 werden wir auf LCC mit einem neuen Trainingskonzept beginnen, das wir den „Weg der Erkenntnis" nennen. Wir werden das Konzept von Elyah vermitteln und sie wird uns berühren und uns Türen zu erweitertem Bewußtsein eröffnen.

In einem gesonderten Zweig, Assimilationstraining genannt, erproben wir das neue Therapiekonzept von Elyah.

Elyah möchte ebenso spezielle Erfahrungswochen für Ärzte, Heilpraktiker und Körpertherapeuten geben.

Wir sind gewiß, daß sich noch viele andere Wege öffnen werden. So denkt Elyah bereits Kinder- und Forschungsprojekte an. Wir dürfen voll freudiger Erwartung sein.

WEITERE BÜCHER SIND IN PLANUNG:

<u>SONNENWEGE</u> wird von der Geschichte der 11 erdähnlichen Planeten und von den kosmischen Familien handeln.

<u>RHUBINIHUS</u> wird von den Zwischenreichen der Feen und Elfen handeln und soll in Romanform geschrieben werden.

Des weiteren wird uns Elyah ein ganzheitliches Therapiekonzept vermitteln, das in Ringbuchform erscheinen wird.

KOMMUNIONEN VON ELYAH AUF CD:

Andrea und Erwin geben Elyahs Meditationen auf CD heraus, die wir als Schwingungsträger verstehen, die uns bei der täglichen Verbindung mit dem EinenSein unterstützen.

Kontakt: LM@Elyah.net

Homepage: www.Elyah.net

weitere Kontaktadressen:

Zentrale@Elyah.net
Lcc@Elyah.net

oder schriftlich an:

Les Champs Chamagne
La Montagne
70310 par Faucogney
FRANKREICH

Nachwort von Elyah

Möge die Saat eurer Worte und eurer Gedanken, eurer Emotionen und eurer Körper aufgehen zur Heilung von Allem, was Gaia ist. Möge der Strahl der Hoffnung des kosmischen Menschen nun die Stätten der Zerstörung auf Cassiopeia erreichen und der Duft der Heilung die Stätte des Todes umwehen.

Elyah segnet euch alle mit dem goldenen Licht und dem Wirbel der Sterne, den ihr Andromeda nennt.

Erkennt. Begreift.

MENSCH, DU SCHÖNE BLÜTE UNWEIT DER STERNE. ERKENNE DEINE SCHÖNHEIT UND ERFÜLLE DAS ALL MIT DEINEM GLANZ.

Einheit ist!

AN	spiritueller Name für den mittleren Gürtelstern des Sternbildes Orion;
Andorh	Planet im Sternensystem Cassiopeia, Heimatwelt der 12 Häuser;
Atlantis	ein Urvolk der Urerde, sie stehen für die Aufrechterhaltung der Sternenverbindungen und das Geist-Bewußtsein;
Atlanto	Sternenwesenheit aus Atlantis, Lehrer und Philosoph des atlantischen Äons, gehört zur Sternenbruderschaft;
ATP	Adenosintriphosphat, Form des Adenosin, gespeicherter Energievorrat der lebenden Zellen;
Cassiopeia	das Himmels „W"; ein Sternbild und laut Elyah das erstgeborene Sternensystem. Heimatwelt von Elyah; Bewußtsein der Einheit;
Chromosom	fadenförmige Teile innerhalb des Zellkerns, auf denen die Erbanlagen gespeichert sind;
Deklet	Sternenwesenheit und Lehrer, der die 66.000 Sternenkönigswesenheiten auf AN sammelte, um das Bewußtsein der Einheit für das gesamte Universum zur Verfügung zu stellen;
DNS	Desoxyribonukleinsäure, Bestandteil des Zellkerns. Jeweils 2 Molekülstränge sind durch Wasserstoffbrücken verbunden und in einer Wendel zu einem Doppelstrang verdrillt = Doppelhelix; die langkettigen Moleküle sind die Träger der genetischen Information;
Dorh	ein weiteres der 12 cassiopeianischen Häuser; steht für Herrschaft; erschuf die Echsen und Drachenkräfte;

EL – AN – RA	spirituelle Namen der 3 Gürtelsterne des Orion;
El Shaddai	männliche Gottespräsenz, zielgerichtete Energie der Schöpferkraft;
Enock	= Enoch, der erste unter den essenitischen Priestern, Wesenheit aus Cassiopeia, die die Menschheit schulte. Der Name *Enock* basiert auf der aramäischen Schreibweise;
Fusion	Verschmelzung;
Gogh	Stadt auf Madokh;
Harmonische Konvergenz	Weltfriedensmeditation 1987;
Helix, Helices	bevorzugte Molekularstruktur von Naturstoffen mit Wasserstoffbrückenverbindungen; diese Form ist immer gedreht, wie bei einem Schneckenhäuschen;
Holistik, holistisch	Ganzheit, ganzheitlich;
Horus	ägyptischer falkenköpfiger Gott, das göttliche Kind, der integrative Punkt;
Isis	ägyptische Muttergöttin *(Sirius)*, die ihren Gatten Osiris nach dem Mißbrauch von Seth wieder zusammensetzte, um mit ihm (Osiris) das göttliche Kind Horus zu zeugen;
Kabbala	hebräische Zahlenmystik, Philosophie des Baumes des Lebens;
Karon	Herrscherwesenheit des dunklen Madokhs, Herrscher der schwarzen Herren von Orion;
Ku	Begriff aus dem Hawaiianischen für das emotionale Selbst;
Kumaras	Wesen von großer Kraft auf der Venus;
Lemniskate	liegende Acht;
Lemuria	eines der ersten 3 Völker der Urerde, steht für die Formung der Materie, Hüter der Erdenergien, Bewußtsein der Materie;

Lichtkrieger	Wesenheiten von Mars, die ihr Sein für den Erhalt des Lichtes einsetzen;
Madokh	Planet, der um El – AN – RA kreiste, Heimat von Deklet und seinen Schülern; zu unterscheiden sind der dunkle Madokh, der in der Energie des Mißbrauches und der Manipulation schwingt; und der goldene Madokh, der in der Energie der Einheit mit Allem-Was-Ist schwingt, und in unserer Zeit neu entstehen soll;
Matrix, Matrizen	erschaffene Materieschicht aus Schwingung und Bewußtsein;
Meneres	ägyptischer Pharao;
Merkabah	energetisches Konstrukt aus mehreren Dreiecken; energetischer Baustein des Lebens;
Morphogenetisches Feld	von Rupert Sheldrake entwickelte Theorie; Bewußtseinsfeld um einen Planeten herum, in dem alle Erfahrung, alles Wissen und alles Gefühl gespeichert wird und von dort auch zurück heruntergeladen werden kann;
Nefu	Planet im Sternbild Herkules;
Neli	Wesenheit aus dem Hause Tobith;
Noah	weiser Erdenlehrer von Cassiopeia; Persönlichkeit aus der Bibel, der die Arche baute;
Oktaviana	Wesenheit der Plejaden, Mutter der 7 Schwestern, Mutter der Schwesternschaft der Schilde;
Oreah	ein weiteres der 12 cassiopeianischen Häuser; steht für Einheit, Hüter der Geheimnisse, erschuf die lemurianische Rasse;
Orh & Ghon	die zwei Sonnen von Andorh;
Osho	indischer Lehrer, der sich früher Baghwan nannte, und viele Schüler, sogenannte Sanyasin hat;
Osiris	ägyptische Vatergottheit *(Orion)*; weilt bereits im Jenseitigen;

Phalanx (pl. Phalangen)	kompakte Energieform einer zielgerichteten Welle;
Photonen	masselose, sich in Lichtgeschwindigkeit bewegende Elementarteilchen;
Pyramide von Poseidonis	Energetisches pyramidales Konstrukt, das den gesamten Urkontinent Urkraton überspannte – das Symbol hierfür ist Elyahs Symbol des Lernfeldes der Einheit;
Quasare	sind große Riesensterne am Rand des Universums, unseres bekannten Universums. Quasare können mit Teleskopen nicht gesehen werden. Wir wissen über die Herkunft von Quasaren von der Radiologie, von der Radioastronomie. Die großen Radiosatelliten-Empfänger z.B. können die Wellen entdecken. Und aus diesen Wellen formen sich Bilder, das müssen megagroße Sterne sein, die Quasare genannt werden, die sehr starke Radiowellen ausstrahlen und am Rande des uns bekannten Universums liegen;
Roddenberry, Gene	Schriftsteller und „Erfinder“ von Startrek / Raumschiff Enterprise; sein Bewußtsein wurde von Elyah inspiriert;
Schwesternschaft der Schilde	Wesenheiten aus allen Ebenen des Universums, die die Planetenbewußtseine hüten und beschützen, und die uns die Kraft und den Mut geben, unsere Schilde abzulegen;
Seth	ägyptischer Gott, Bruder von Osiris; steht für die Totenreiche;
Shedir	einer der Hauptsterne von Cassiopeia;
Shekinah	weibliche Gottespräsenz, aufnehmende und formende Energie der Gottespräsenz;
Solara	Autorin und spirituelle Lehrerin der Neuzeit;
Tobith	ein weiteres der 12 Häuser von Cassiopeia; es steht für Erschaffung;

Transpluto	Planet, dessen genauer Platz in unserem Sonnensystem noch nicht bestimmt ist; trans = hinter Pluto bringt, laut Elyah, das Bewußtsein der Meisterschaft;
Vesta	mütterlicher Aspekt der Zentralsonne, Hüterin des Herdfeuers;
Weiße Bruderschaft	Vereinigung der Aufgestiegenen Meister, die die Menschheit in ihrem Bewußtsein schulen;

Index

B

C

F

G

H

I

J

K

L

M

N

O

Ö

P

Q

R

Y

Z

ZU DIESEM BUCH ERSCHEINT EINE BEGLEIT-CD:

Erdenwege

ISBN 3-935817-02-9